JN027335

改訂版

税理士が知っておきたい！

土地評価に関する
建築基準法
都市計画法
コンパクトブック

不動産鑑定士・一級建築士　公認会計士・税理士
結城敏勝・越田　圭

［著］

第一法規

改訂版発刊にあたって

　税理士が業務を行うに当たっては、租税法だけを理解していればよいわけではありません。租税法の条文を読むと分かりますが、実に様々な法律が登場します。とはいえ、租税法以外の法律を理解するにしても、日々の業務をこなしながら理解を深めるのは困難な面もあると思います。そこで、税理士が業務を行うに当たって、建築基準法や都市計画法などの不動産に関連する法令について最低限理解しておきたいポイントをコンパクトにまとめました。本書は 2020 年 2 月に初版を発行し、今回約 2 年半ぶりの改訂になります。

　「第 1 章　基礎編」では、建築基準法、都市計画法、土地区画整理法、宅地造成等規制法、農地法、生産緑地法に関して、不動産鑑定士・一級建築士の結城敏勝先生が最低限理解しておきたいポイントを分かりやすく記載しています。今回の改訂版では、令和 4 年 5 月に公布された改正宅地造成等規制法に関する解説の加筆および各法律の全体的な見直しを行いました。

　「第 2 章　税務編」では、「第 1 章　基礎編」で説明のあった法律と租税法との関係について、最低限理解しておきたいポイントを記載しています。条文を読むのに慣れていない場合でも、条文の体系が分かるように、条文をそのまま載せるのではなく、条文を分解するなどの加工をし記載しています。加えて、改訂版では、裁判例の解説を増やしています。

　裁判例というと普段の業務では馴染みがないものですが、理解しておけば、顧客への説明や課税当局とのやり取りで有用になるものと考えます。判決文をそのまま掲載すると冗長になり理解が難しくなるため、掲載を最低限必要な箇所に絞り、裁判例の理解に当たって重要と考えられる部分に下線を加える等して、裁判例に馴染みがない方でも理解できるような工夫をしています。

　本書は、税務で必要となる建築基準法や都市計画法などの不動産に関

連する法令や、土地評価に関する裁判例について、分かりやすく簡潔に説明することを目的にしています。本書が法律の条文や裁判例を理解するに当たっての足掛かりになれば幸いです。

　最後になりますが、本書の執筆をご紹介いただいた税理士の芹澤光春先生、「第1章　基礎編」をご執筆いただいた結城敏勝先生、校正やアドバイスなどで大変お世話になった第一法規株式会社出版編集局編集第五部の井上絵里さんに、心からお礼を申し上げます。

令和4年11月

公認会計士・税理士　越田圭

目次

改訂版 税理士が知っておきたい! 土地評価に関する
建築基準法・都市計画法 コンパクトブック

改訂版発刊にあたって

凡例

第1章 基礎編

第2章　税務編

1　建築基準法と税務上の関係法令　50

1-1　建築基準法と所得税の関わり　52

＊第2章で引用している条文および判決文は、分かりやすいように一部編集しています。

　また、その引用条文の参照部分は、適宜脚注などで説明を行い、判決文は、下線を引くなどの加工を行っています。

凡　例

　本書では、本文中では原則として正式名称を用い、カッコ内において、以下の略称を用いています。

（※租税特別措置法 34 条 2 項 2 号は、(措法 34 ②二)と記述しています。)

○法律名

略　称	正式名称
所法	所得税法
所令	所得税法施行令
相法	相続税法
措法	租税特別措置法
措令	租税特別措置法施行令
措規	租税特別措置法施行規則
通則法	国税通則法
地法	地方税法
地法附則	地方税法附則
評価基準	固定資産評価基準
評価通達	財産評価基本通達
都計法	都市計画法
収用法	土地収用法
区画整理法	土地区画整理法
建基法	建築基準法
建基令	建築基準法施行令
建基規	建築基準法施行規則
宅地造成法	宅地造成等規制法
再開発法	都市再開発法
大都市地域住宅等供給促進法	大都市地域における住宅及び住宅地の供給の促進に関する特別措置法
墓地法	墓地、埋葬等に関する法律

○判例集・雑誌等

略　称	正式名称
訟月	訟務月報
税資	税務訴訟資料
民集	最高裁判所民事判例集

集民	最高裁判所裁判集民事
東高民時報	東京高等裁判所(民事)判決時報
裁決事例集	国税不服審判所裁決事例集
裁時	裁判所時報
判時	判例時報
判自	判例地方自治
判タ	判例タイムズ

第1章

基礎編

1 建築基準法

 建築基準法とは？ ………………………………………………………

　建築物の敷地、構造、設備と用途に関する最低限の基準をまとめた法律です。建築基準法は、個々の建築物や敷地の安全性確保等を規定する「単体規定」と、単体規定の建築物の安全性に加え、健全なまちづくりを規定した「集団規定」があります。

1 建築基準法の概要

（1）用語の定義（建基法 2、4、77 の 18）

・**建築物**：土地に定着する工作物のうち、屋根・柱・壁を有するもの、これに附属する門・塀、観覧のための工作物などいい、建築設備も含みます。なお、鉄道線路敷地内の施設や、プラットホームの上家は建築物には含まれません。

・**特殊建築物**：学校、体育館、病院、劇場、観覧場、集会場、展示場、百貨店、市場、ダンスホール、遊技場、公衆浴場、旅館、共同住宅、寄宿舎、下宿、工場、倉庫、自動車車庫、危険物の貯蔵場、と畜場、火葬場、汚物処理場その他これらに類する用途に供する建築物をいいます。

・**建築**：建築物を新築し、増築し、改築し、または移転することをいいます。

・**大規模の修繕・模様替**：建築物の主要構造部（壁、柱、床、はり、屋根、階段）の一種以上について行う過半の修繕・模様替をいいます。

・**建築主**：建築物に関する工事の請負契約の注文者または請負契約によらないで自らその工事をする者をいいます。

・**建築主事**：都道府県知事または市町村長が任命した公務員で、建築計画の確認、工事完了後の検査などの行政事務を行います。また、建築

主事を置いている市町村（建築主事を置いていない市町村では都道府県）を特定行政庁といいます。

・**指定確認検査機関**：建築確認や検査を行う機関として国土交通大臣や都道府県知事から指定された民間の機関をいいます。

（2）建物の建築計画から完成まで

建物の建築計画から完成までは下記のような流れになります。

■建物の使用開始までの流れ

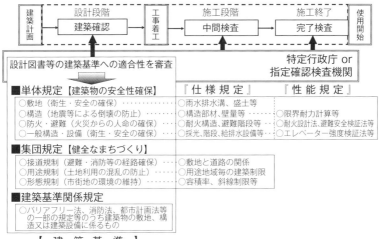

（国土交通省 HP より一部加工のうえ掲載）

（3）建築確認

建築主は、一定の規模以上の建築物を建築（新築・増築・改築・移転）しようとする場合、または大規模の修繕、大規模の模様替えをしようとする場合は、工事を着工する前に「建築確認申請書」を提出し、建築基準法等の規定に適合するものであることについて、建築主事の確認を受けなければなりません（建基法6）。

第1号	法別表第一(い)欄に掲げる特殊建築物		床面積が200m²を超えるもの	用途変更 建築(新築・増築・改築・移転) 大規模の修繕 大規模の模様替
第2号[1]	木造	3以上の階数を有するもの又は延べ面積が500m²、高さが13m若しくは軒高9mを超えるもの		建築(新築・増築・改築・移転) 大規模の修繕 大規模の模様替
第3号[1]	非木造	2以上の階数を有し、又は延べ面積が200m²を超えるもの		
第4号[1]	前3号に掲げる建築物を除くほか、都市計画区域若しくは準都市計画区域等内又は都道府県知事が指定する区域内における建築物			建築(新築・増築・改築・移転)

（国土交通省 HP より一部加工のうえ掲載）

(4) 建築基準法の構成

　建築基準法には「単体規定」と「集団規定」があります。

　「単体規定」は、個々の建築物について、敷地の安全性確保、構造・耐力、防火・避難、居室の通風や採光、換気、建築設備などの居住性を確保するための技術的基準が規定されています。

　「集団規定」は、原則として都市計画区域内および準都市計画区域内の建築物に適用される規定で、「単体規定」の建築物の安全性に加え、健全なまちづくりを目的としています。

　また、「集団規定」は、次の規定に分類することができます。

　・敷地と道路の関係：接道義務、道路内の建築制限等

　・建築物の用途制限：用途地域[2]に応じて、建築物の用途を制限

1　2050 年カーボンニュートラルの実現に向けて、住宅・建築物の省エネ対策を強力に進めるための「脱炭素社会の実現に資するための建築物のエネルギー消費性能の向上に関する法律等の一部を改正する法律」（令和 4 年法律第 69 号）が令和 4 年 6 月 17 日に公布され、建築基準法が改正されました（公布の日から 3 年を超えない範囲内において政令で定める日から施行予定）。施行後は、第 2 号は削除され、第 3 号は「非木造」という規定がなくなり第 2 号になります。木造建築物に係る建築確認の対象は、2 階建以上または延べ面積 200㎡超の建築物に見直され、結果的に非木造と統一化されます。また、第 4 号の冒頭は「前 2 号に掲げる建築物を除くほか」に改正され第 3 号になります。

2　都市における住居、商業等の土地利用は、似たようなものが集まることで、それぞれの環境が守られ、効率的な活動を行うことができ、種類の異なる土地利用が混じっていると、互いの生活環境や業務の利便が悪くなります。そこで、都市計画では都市を住宅地、商業地、工業地などいくつかの種類に区分し、これを「用途地域」として定めています。

・建築物の形態制限：容積率、建蔽率、斜線制限、日影規制等
・防火地域・準防火地域内の制限：耐火建築物、屋根等の防火措置等
・その他建築規制：地区計画等

これらについて、下記で解説します。

2　敷地と道路の関係

(1) 建築基準法上の道路

法令	一般呼称	内容
42条1項1号	1号道路	国道、都道府県道、市道などの道路法による幅員4m以上の道路
42条1項2号	2号道路	都市計画法、土地区画整理法等による幅員4m以上の道路
42条1項3号	既存道路	建築基準法の集団規定が適用される以前から存在した幅員4m以上の道路
42条1項4号	計画道路	都市計画法等で事業計画のある道路で、2年以内にその事業が執行予定のもの
42条1項5号	位置指定道路	特定行政庁が道路位置を指定した幅員4m以上の私道
42条2項	2項道路	建築基準法の集団規定が適用される以前から存在した幅員4m未満の道路で特定行政庁が指定したもの
42条3項	3項道路	土地の状況により幅員4m未満で指定された道路
42条4項	4項道路	6m区域内の特定行政庁が認めた道
42条5項	5項道路	6m区域指定時に現に存していた道で、幅員4m未満の道
42条6項	6項道路	建築審査会[3]の同意を得た幅員1.8m未満の2項道路

3　特定行政庁の諮問に応じて、建築基準法の施行に関する重要事項を調査・審議させるために、建築主事を置く市町村と都道府県に「建築審査会」を置いています。

（2）敷地の接道義務

建築物の敷地は、原則として建築基準法上の道路に2m以上接していなければなりません（建基法43）。なお、例外として、以下の場合は制限を受けません。

・法43条2項1号

　その敷地が幅員4m以上の道（道路に該当するものを除き、避難及び通行の安全上必要な国土交通省令で定める基準に適合するものに限る。）に2m以上接する建築物のうち、利用者が少数であるものとしてその用途及び規模に関し国土交通省令で定める基準に適合するもので、特定行政庁が交通上、安全上、防火上及び衛生上支障がないと認めるもの

・法43条2項2号（旧法43条ただし書の規定による許可）

　その敷地の周囲に広い空地を有する建築物その他の国土交通省令で定める基準に適合する建築物で、特定行政庁が交通上、安全上、防火上及び衛生上支障がないと認めて建築審査会の同意を得て許可したもの

---

3 ｜ 建築物の用途制限

都市計画により用途地域が定められた場合において、それぞれの住居の環境の保護や、商業・工業等の業務の利便の増進を図るため、建築することができる建築物の用途について制限が行われます（建基法48）。

ただし、特別用途地区を指定して条例を定めた場合や、特定行政庁が個別に当該用途地域における環境を害するおそれがないと認めて、建築審査会の同意を得て許可した場合には立地が可能となります（建基法48⑮）。

なお、実績の蓄積がある建築物について、用途制限に係る特例許可の手続は建築審査会の同意が不要となります（建基法48⑯）。

用途地域内の建築物の用途制限

○：建てられる用途
×：原則として建てられない用途
①、②、③、④、▲、△、■：面積、階数などの制限あり

建築物の用途	第一種低層住居専用地域	第二種低層住居専用地域	第一種中高層住居専用地域	第二種中高層住居専用地域	第一種住居地域	第二種住居地域	準住居地域	田園住居地域	近隣商業地域	商業地域	準工業地域	工業地域	工業専用地域	用途地域の指定のない区域	備考
住宅、共同住宅、寄宿舎、下宿　兼用住宅で、非住宅部分の床面積が、50㎡以下かつ建築物の延べ面積の2分の1未満のもの	○	○	○	○	○	○	○	○	○	○	○	○	×	○	非住宅部分の用途制限あり
店舗等の床面積が150㎡以下のもの	×	①	②	③	○	○	○	①■	○	○	○	③	④	○	① 日用品販売店、喫茶店、理髪店及び建具屋等のサービス業用店舗のみ。2階以下　② ①に加えて、物販店舗、飲食店、損保代理店・銀行の支店・宅地建物取引業者等のサービス業用店舗のみ。2階以下　③ 2階以下　④ 物販店舗、飲食店を除く　■ 農産物直売所、農家レストラン等のみ。2階以下
店舗等の床面積が150㎡を超え、500㎡以下のもの	×	×	②	③	○	○	○	■	○	○	○	③	④	○	2階以下
店舗等の床面積が500㎡を超え、1,500㎡以下のもの	×	×	×	③	○	○	○	×	○	○	○	③	④	○	
店舗等の床面積が1,500㎡を超え、3,000㎡以下のもの	×	×	×	×	○	○	○	×	○	○	○	③	④	○	
店舗等の床面積が3,000㎡を超え、10,000㎡以下のもの	×	×	×	×	×	○	○	×	○	○	○	③	④	○	
店舗等の床面積が10,000㎡を超えるもの	×	×	×	×	×	×	×	×	○	○	○	×	×	○	
事務所等の床面積が1,500㎡以下のもの	×	×	×	▲	○	○	○	×	○	○	○	○	○	○	▲ 2階以下
事務所等の床面積が1,500㎡を超え、3,000㎡以下のもの	×	×	×	×	○	○	○	×	○	○	○	○	○	○	
事務所等の床面積が3,000㎡を超えるもの	×	×	×	×	×	○	○	×	○	○	○	○	○	○	
ホテル、旅館	×	×	×	×	▲	○	○	×	○	○	○	×	×	○	▲ 3,000㎡以下
ボーリング場、スケート場、水泳場、ゴルフ練習場、バッティング練習場等	×	×	×	×	▲	○	○	×	○	○	○	○	×	○	▲ 3,000㎡以下
カラオケボックス等	×	×	×	×	×	▲	▲	×	○	○	○	▲	▲	○	▲ 10,000㎡以下
麻雀屋、パチンコ屋、射的場、馬券・勝馬投票券発売所、場外車券場等	×	×	×	×	×	▲	▲	×	○	○	○	▲	×	○	▲ 10,000㎡以下
劇場、映画館、演芸場、観覧場、ナイトクラブ等	×	×	×	×	×	×	▲	×	○	○	○	×	×	○	▲ 客席200㎡未満
キャバレー、料理店、個室付浴場等	×	×	×	×	×	×	×	×	×	○	▲	×	×	○	▲ 個室付浴場等を除く
幼稚園、小学校、中学校、高等学校	○	○	○	○	○	○	○	○	○	○	○	×	×	○	
大学、高等専門学校、専修学校等	×	×	○	○	○	○	○	×	○	○	○	×	×	○	
図書館等	○	○	○	○	○	○	○	○	○	○	○	○	×	○	
神社、寺院、教会、公衆浴場、診療所、保育所等	○	○	○	○	○	○	○	○	○	○	○	○	○	○	
病院	×	×	○	○	○	○	○	×	○	○	○	×	×	○	
自家用倉庫	×	×	×	①	②	○	○	×	○	○	○	○	○	○	① 2階以下かつ1,500㎡以下　② 3,000㎡以下　③ 農産物及び農業の生産資材を貯蔵するものに限る。
危険性や環境を悪化させるおそれが非常に少ない工場	×	×	×	×	①	①	①	■	○	○	○	○	○	○	① 150㎡以下　② 作業場の床面積 150㎡以下　■ 農産物を生産、集荷、処理及び貯蔵するものに限る。
危険性や環境を悪化させるおそれが少ない工場	×	×	×	×	×	×	×	×	②	②	○	○	○	○	
危険性や環境を悪化させるおそれがやや多い工場	×	×	×	×	×	×	×	×	×	×	○	○	○	○	
危険性が大きいか又は著しく環境を悪化させるおそれがある工場	×	×	×	×	×	×	×	×	×	×	×	○	○	○	
自動車修理工場	×	×	×	×	①	①	②	②	③	③	○	○	○	○	作業場の床面積　① 50㎡以下　② 150㎡以下　③ 300㎡以下

注：本表は建築基準法別表第2などを簡明にした概要であり、全ての制限について掲載したものではない。
※ 都市計画法に基づき一団地に指定する市街化調整区域を除く。

（国土交通省HPより一部加工のうえ掲載）

7

4 │ 建築物の形態制限

（1）容積率

　容積率とは、建築物の延べ面積の敷地面積に対する割合をいいます（建基法52）。容積率の上限は、建築基準法で規定した数値の中から都市計画で定められます。

用途地域	第一種低層住居専用地域	第二種低層住居専用地域	第一種中高層住居専用地域	第二種中高層住居専用地域	第一種住居地域	第二種住居地域	準住居地域	田園住居地域	近隣商業地域	商業地域	準工業地域	工業地域	工業専用地域	用途地域の指定のない区域
①都市計画による指定容積率(%)(前面道路幅員≧12mの場合)	50 60 80 100 150 200		100 150 200 300 400 500					50 60 80 100 150 200	100 150 200 300 400 500	200 300 400 500 600 700 800 900 1,000 1,100 1,200 1,300	100 150 200 300 400 500	100 150 200 300 400		(50) (80) (100) (200) (300) (400)
②前面道路による容積率（前面道路幅員＜12mの場合）	前面道路幅員×0.4		前面道路幅員×0.4 （特定行政庁指定区域:×0.6)					前面道路幅員×0.4	前面道路幅員×0.6 （特定行政庁指定区域:×0.4又は×0.8) (国土交通省HPより一部加工のうえ掲載)					

　前面道路の幅員が12m未満の場合、前面道路の幅員に用途地域による係数を乗じて容積率の上限を算出し、都市計画による指定容積率と前面道路による容積率を比較し、小さい方を容積率の上限として採用します。

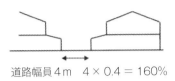

住居系用途地域の場合の例　　　　非住居系用途地域の場合の例

道路幅員4m　4×0.4 = 160%　　　(道路幅員4m　4×0.6 = 240%)
（国土交通省 HP より一部加工のうえ掲載）

　なお、前面道路の幅員が 6 m 以上 12 m 未満であり、敷地が 70 m 以内で特定道路（幅員 15 m 以上の道路）に接続している場合、容積率の割増が認められます（建基法 52 ⑨）。

（2）建蔽率

　建蔽率とは、建築物の建築面積の敷地面積に対する割合をいいます（建基法 53）。建蔽率の上限は、建築基準法で規定した数値の中から都市計画で定められます。

用途地域	第一種低層住居専用地域	第二種低層住居専用地域	第一種中高層住居専用地域	第二種中高層住居専用地域	第一種住居地域	第二種住居地域	準住居地域	田園住居地域	近隣商業地域	商業地域	準工業地域	工業地域	工業専用地域	用途地域の指定のない地域
原則の建蔽率	30 40 50 60				50 60 80			30 40 50 60	60 80	80	50 60 80	50 60	30 40 50 60	30 40 50 60 70

（国土交通省 HP より一部加工のうえ掲載）

次の場合には建蔽率が緩和されます。

敷地、建築物の条件	緩和内容
特定行政庁の指定する街区の角にある敷地に存する建築物	10％緩和
防火地域内にある耐火建築物 準防火地域内にある耐火建築物、準耐火建築物	
上記の両方に該当するもの	20％緩和
都市計画で定める建蔽率80％、かつ、防火地域内にある耐火建築物	適用除外
巡査派出所、公衆便所など	
隣地側に壁面線の指定等がある建築物で、特定行政庁が安全上、防火上及び衛生上支障がないと認めて許可したもの	許可の範囲内

（国土交通省HPより一部加工のうえ掲載）

（3）建築物の高さ制限

①　低層住居専用地域内における建築物の高さの制限（絶対高さの制限）

（建基法55）

　第1種低層住居専用地域または第2種低層住居専用地域においては、建築物の高さは10mまたは12mのうち都市計画で定めた高さの限度を超えてはなりません。

②　道路斜線制限（建基法56①一）

　道路の採光や通風を確保するために、建築物の前面道路の反対側の境界線から一定の勾配の斜線内に建築物の高さを収めなければなりません。

■前面道路との関係についての建築物の各部分の高さの制限

	（い）	（ろ）	（は）	（に）
	建築物がある地域、地区又は区域	第52条第1項、第2項、第7項及び第9項の規定による容積率の限度	距離	数値
一	第一種低層住居専用地域、第二種低層住居専用地域、第一種中高層住居専用地域、第二種中高層住居専用地域若しくは田園住居地域内の建築物又は第一種住居地域、第二種住居地域若しくは準住居地域内の建築物（四の項に掲げる建築物を除く。）	10分の20以下の場合	20メートル	1.25
		10分の20を超え、10分の30以下の場合	25メートル	
		10分の30を超え、10分の40以下の場合	30メートル	
		10分の40を超える場合	35メートル	
二	近隣商業地域又は商業地域内の建築物	10分の40以下の場合	20メートル	1.5
		10分の40を超え、10分の60以下の場合	25メートル	
		10分の60を超え、10分の80以下の場合	30メートル	
		10分の80を超え、10分の100以下の場合	35メートル	
		10分の100を超え、10分の110以下の場合	40メートル	
		10分の110を超え、10分の120以下の場合	45メートル	
		10分の120を超える場合	50メートル	

三	準工業地域内の建築物（四の項に掲げる建築物を除く。）又は工業地域若しくは工業専用地域内の建築物	10分の20以下の場合	20メートル	1.5
		10分の20を超え、10分の30以下の場合	25メートル	
		10分の30を超え、10分の40以下の場合	30メートル	
		10分の40を超える場合	35メートル	
四	第一種住居地域、第二種住居地域、準住居地域又は準工業地域内について定められた高層住居誘導地区内の建築物であつて、その住宅の用途に供する部分の床面積の合計がその延べ面積の3分の2以上であるもの		35メートル	1.5
五	用途地域の指定のない区域内の建築物	10分の20以下の場合	20メートル	1.25又は1.5のうち、特定行政庁が土地利用の状況等を考慮し当該区域を区分して都道府県都市計画審議会の議を経て定めるもの
		10分の20を超え、10分の30以下の場合	25メートル	
		10分の30を超える場合	30メートル	

<備考>
一　建築物がこの表 (い) 欄に掲げる地域、地区又は区域の 2 以上にわたる場合においては、同欄中「建築物」とあるのは、「建築物の部分」とする。
二　建築物の敷地がこの表 (い) 欄に掲げる地域、地区又は区域の 2 以上にわたる場合における同表 (は) 欄に掲げる距離の適用に関し必要な事項は、政令で定める。
三　この表 (い) 欄一の項に掲げる第一種中高層住居専用地域若しくは第二種中高層住居専用地域（第 52 条第 1 項第 2 号の規定により、容積率の限度が 10 分の 40 以上とされている地域に限る。）又は第一種住居地域、第二種住居地域若しくは準住居地域のうち、特定行政庁が都道府県都市計画審議会の議を経て指定する区域内の建築物については、(は) 欄一の項中「25 メートル」とあるのは「20 メートル」と、「30 メートル」とあるのは「25 メートル」と、「35 メートル」とあるのは「30 メートル」と、(に) 欄一の項中「1.25」とあるのは「1.5」とする。

（建築基準法 別表第三）

　前面道路の境界線から壁面を後退した場合は、前面道路の反対側までの水平距離について、後退した距離分だけ反対側の境界線を外側に延長できます。

内容（道路斜線制限の例）

建築物の各部分は、前面道路の反対側の境界線までの距離に応じて決まる一定の高さ以下

セットバックによる緩和措置

道路境界線からＡｍ後退して建築する場合、反対側の境界線もＡｍ後退しているものとして制限を適用

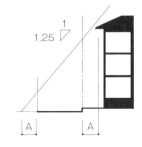

（国土交通省 HP より一部加工のうえ掲載）

③　隣地斜線制限（建基法 56 ①二）

　隣地の日照、採光、通風を確保するために、隣地境界線から一定の勾配の斜線内に建物の高さを収めなければなりません。

　道路斜線同様、隣地境界線から壁面を後退した場合は、後退した距離分だけ反対側に隣地境界線があるとみなします。

建築物の各部分は、建築物から隣地境界線までの
距離に応じて決まる一定の高さ以下

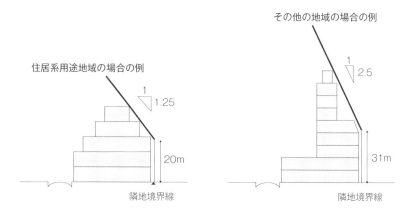

その他の地域の場合の例

住居系用途地域の場合の例

※道路斜線制限と同様、セットバックによる緩和措置がある

（国土交通省 HP より一部加工のうえ掲載）

④　**北側斜線制限**（建基法 56 ①三）

　低層住居専用地域、中高層住居専用地域については、良好な住環境を
確保するために、北側斜線制限が設けられています。真北方向の隣地境
界線、または真北方向の前面道路の反対側の境界線から一定の範囲以内
に建築物の高さを収めなければなりません。

建築物の各部分は、真北方向の敷地境界線または道路の反対側境界線から、
一定高さを起点として一定勾配の斜線の高さ以下

低層住居専用地域の場合

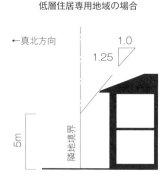

中高層住居専用地域の場合
※ 日影規制区域内は適用除外

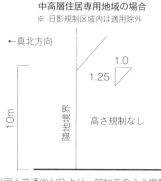

（国土交通省 HP より一部加工のうえ掲載）

⑤　**日影規制**（建基法56の2）

　地方公共団体が条例により指定した区域内では、日影による建築物の高さ制限が適用されます。冬至日において、敷地境界線から水平距離5mを超える範囲においては、一定の日影時間未満となるように建築物の高さが制限されます。

■低層住居専用地域の場合

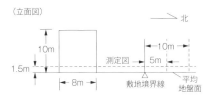
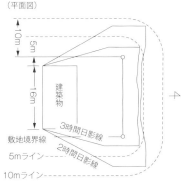

■対象区域

　以下の地域から、地方公共団体の
　条例で区域を指定
　　第1種・第2種低層住居専用地域、
　　第1種・第2種中高層住居専用地域、
　　第1種・第2種住居地域、準住居地域、
　　近隣商業地域、準工業地域
　　※商業地域、工業地域、工業専用地域は
　　　日影規制の対象外

超高層建築物による
日影のイメージ

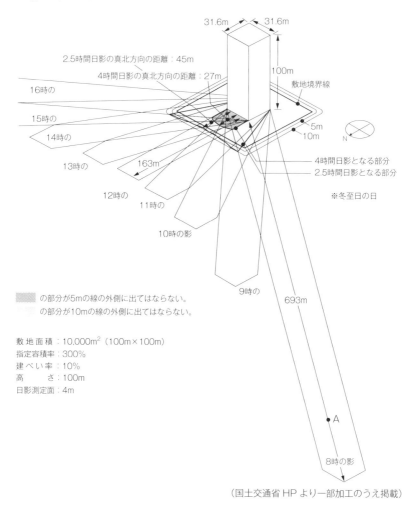

31.6m　31.6m

2.5時間日影の真北方向の距離：45m

4時間日影の真北方向の距離：27m

100m

16時の

敷地境界線

15時の

14時の

5m
10m

N

13時の

163m

4時間日影となる部分
2.5時間日影となる部分

12時の

11時の

※冬至日の日

10時の影

9時の

693m

の部分が5mの線の外側に出てはならない。
の部分が10mの線の外側に出てはならない。

敷 地 面 積：10,000m² （100m×100m）
指定容積率：300%
建 ぺ い 率：10%
高　　　さ：100m
日影測定面：4m

● A

8時の影

（国土交通省 HP より一部加工のうえ掲載）

※日影時間のうち、どの規制によるかは、各地方公共団体の条例によります。

5 ｜ 防火地域・準防火地域内の制限

　防火地域・準防火地域内には、建築物の構造制限があります（建基法61、建基令136の2）。

（1）耐火建築物（鉄筋コンクリート造等）としなければならないもの

・防火地域

　階数が3階以上のもの、または階数にかかわらず延べ面積が100㎡を超えるもの

・準防火地域

　階数が4階以上のもの（地階を除く）、または階数にかかわらず延べ面積が1,500㎡を超えるもの

（2）準耐火建築物（鉄骨造等）または耐火建築物としなければならないもの

・防火地域

　階数が2階以下で、かつ延べ面積が100㎡以下のもの

・準防火地域

　階数が3階のもの（地階を除く）、または階数にかかわらず延べ面積が500㎡を超え1,500㎡以下のもの

（3）防火構造（木造モルタル塗等）としなければならないもの

・準防火地域

　木造建築物などの外壁および軒裏で延焼のおそれのある部分

2 都市計画法

 都市計画法とは？··

　都市の発展と秩序のある整備を行うために、計画的なまちづくりの方法をまとめた法律です。都市として整備・開発等を行う必要がある区域を「都市計画区域」といい、そのうち、計画的に市街化を図るべき区域を「市街化区域」、市街化を抑制すべき区域を「市街化調整区域」といいます。

1 都市計画法の概要

（1）都市計画区域・準都市計画区域

①　都市計画区域（都計法5）

　都道府県は、市町村の中心の市街地を含み、かつ、自然的および社会的条件等を勘案して、一体の都市として総合的に整備し、開発し、および保全する必要がある区域を「都市計画区域」として指定することができます。

　都市計画区域を指定すると、都市計画の決定、都市施設の整備、市街地開発事業の施行等を行うことができます。

②　準都市計画区域（都計法5の2）

　都道府県は、都市計画区域外のうち、相当数の建築物等の建設が現に行われ、または行われると見込まれる区域を含み、かつ、そのまま土地利用を整序し、または環境を保全するための措置を講ずることなく放置すれば、将来における一体の都市としての整備、開発および保全に支障が生じるおそれがあると認められる一定の区域を「準都市計画区域」として指定することができます。

　準都市計画区域を指定すると、用途地域、特別用途地区等8種類の都市計画の決定が可能となります。また、開発許可・建築確認の対象とな

ります。

（2）区域区分（市街化区域および市街化調整区域）

　都市計画区域について無秩序な市街化を防止し、計画的な市街化を図るため必要があるときは、都市計画に「市街化区域」と「市街化調整区域」との区分を定めることができます（都計法7）。

①　市街化区域

　すでに市街地を形成している区域およびおおむね10年以内に優先的かつ計画的に市街化を図るべき区域としています。

②　市街化調整区域

　市街化を抑制すべき区域としており、開発が原則として禁止されています。

　都市計画は、都市の健全な発展と秩序ある整備を図るため、都市計画に関する基本的な方針であるマスタープランを基本として、おおむね次のように分類することができます。

① 土地利用規制（区域区分、地域地区など）

② 都市施設の整備

③ 市街地開発事業

④ 地区計画等

　これらについては下記で解説します。

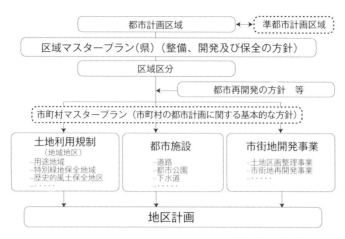

（国土交通省HPより一部加工のうえ掲載）

2 ｜ 土地利用規制（地域地区）

　都市計画区域および準都市計画区域内の土地を利用目的によって地域
地区を区分し、建築物や土地の区画形質の変更等について必要な制限が
課されており、具体的な制限内容は、建築基準法等で規定されています
（都計法 8）。地域地区には、用途地域をはじめ、多数の種類があります。

類型	地域地区
用途	用途地域、特別用途地区、特定用途制限地域、特定用途誘導地区、居住調整地域、居住環境向上用途誘導地区
防火	防火地域、準防火地域、特定防災街区整備地区
形態	高度地区、特定街区、高度利用地区、高層居住誘導地区、特例容積率適用地区、都市再生特別地区
景観	景観地区、伝統的建造物群保存地区、風致地区、歴史的風土特別保存地区、第一種歴史的風土保存地区、第二種歴史的風土保存地区
緑	緑地保全地域、特別緑地保全地区、緑化地域、生産緑地地区
特定機能	駐車場整備地区、臨港地区、流通業務地区、航空機騒音障害防止地区、航空機騒音障害防止特別地区

（国土交通省HPより一部加工のうえ掲載）

　用途地域は、地域地区の中で最も基本的なもので、住居、商業、工業

等の用途を適正に配分して都市機能を維持増進し、住居の環境を保護し、商業、工業等の利便を増進することを目的としています。

　建築物の用途や建築物の形態制限（容積率、建蔽率、高さ等）規制・誘導する地域として13種類の用途地域があります（都計法9①～⑬）。

用途地域の種類		内容
住居系	第一種低層住居専用地域	低層住宅に係る良好な住居の環境を保護するため定める地域。小規模な店舗や事務所を兼ねた住宅、小中学校などを建てることができます。
	第二種低層住居専用地域	主として低層住宅に係る良好な住居の環境を保護するため定める地域。小中学校などのほか、150㎡までの一定の店舗などを建てることができます。
	第一種中高層住居専用地域	中高層住宅に係る良好な住居の環境を保護するため定める地域。病院、大学、500㎡までの一定の店舗などを建てることができます。
	第二種中高層住居専用地域	主として中高層住宅に係る良好な住居の環境を保護するため定める地域。病院、大学などのほか、1,500㎡までの一定の店舗や事務所など必要な利便施設を建てることができます。
	第一種住居地域	住居の環境を保護するため定める地域。3,000㎡までの店舗、事務所、ホテルなどは建てることができます。
	第二種住居地域	主として住居の環境を保護するため定める地域。店舗、事務所、ホテル、カラオケボックスなどは建てることができます。
	準住居地域	道路の沿道としての地域の特性にふさわしい業務の利便の増進を図りつつ、これと調和した住居の環境を保護するため定める地域。
	田園住居地域	農業の利便の増進を図りつつ、これと調和した低層住宅に係る良好な住居の環境を保護するため定める地域。住宅に加え農産物の直売所などを建てることができます。
商業系	近隣商業地域	近隣の住宅地の住民に対する日用品の供給を行うことを主たる内容とする商業その他の業務の利便を増進するため定める地域。住宅や店舗のほかに小規模な工場も建てることができます。
	商業地域	主として商業その他の業務の利便を増進するため定める地域。銀行、映画館、飲食店、百貨店などが集まる地域で、住宅や小規模の工場なども建てることができます。

工業系	準工業地域	主として環境の悪化をもたらすおそれのない工業の利便を増進するため定める地域。主に軽工業の工場やサービス施設などが立地する地域で、環境悪化が大きい工場は建てることができません。
	工業地域	主として工業の利便を増進するため定める地域。どんな工場でも建てられる地域で、住宅や店舗は建てられますが、学校、病院、ホテルなどは建てられません。
	工業専用地域	工業の利便を増進するため定める地域。どんな工場でも建てられますが、住宅、店舗、学校、病院、ホテルなどは建てられません。

3 | 都市施設

　都市計画区域内については、次に掲げる施設を都市計画に定めることができます。また、特に必要があるときは、都市計画区域外においても、これらの施設を定めることができます（都計法11 ①)。

- ・道路、都市高速鉄道、駐車場、自動車ターミナル等の交通施設（1号）
- ・公園、緑地、広場、墓園その他の公共空地（2号）
- ・水道、電気供給施設、ガス供給施設、下水道、汚物処理場、ごみ焼却場その他の供給施設または処理施設（3号）
- ・河川、運河その他の水路（4号）
- ・学校、図書館、研究施設その他の教育文化施設（5号）
- ・病院、保育所その他の医療施設または社会福祉施設（6号）
- ・市場、と畜場または火葬場（7号）
- ・一団地の住宅施設（8号）
- ・一団地の官公庁施設（9号）
- ・一団地の都市安全確保拠点施設（10号）※令和3年新設
- ・流通業務団地（11号）
- ・一団地の津波防災拠点市街地形成施設（12号）
- ・一団地の復興再生拠点市街地形成施設（13号）
- ・一団地の復興拠点市街地形成施設（14号）

・その他政令で定める施設（15 号）

　都市計画で決定された施設の区域内では、後続の都市計画事業の円滑な施行を確保するために、都市計画法 53 条、65 条により建築規制が課せられます。

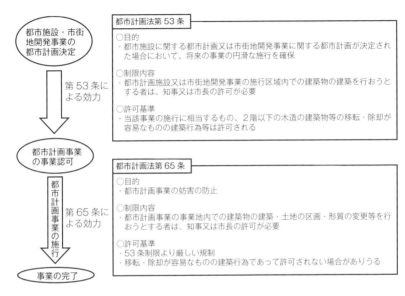

（国土交通省 HP より一部加工のうえ掲載）

4　市街地開発事業

　都市計画区域内については、次に掲げる事業を都市計画に定めることができます（都計法 12 ①）。

・土地区画整理法による土地区画整理事業
・新住宅市街地開発法による新住宅市街地開発事業
・近郊整備地帯及び都市開発区域の整備に関する法律による工業団地造成事業（首都圏、近畿圏）
・都市再開発法による市街地再開発事業
・新都市基盤整備法による新都市基盤整備事業
・大都市地域における特別措置法による住宅街区整備事業

・密集市街地整備法による防災街区整備事業

5 ｜ 地区計画等

　地区計画は、建築物の建築形態、公共施設その他の施設の配置等からみて、一体としてそれぞれの区域の特性にふさわしい態様を備えた良好な環境の各街区を整備し、開発し、および保全するための計画とし、次のいずれかに該当する土地の区域について定めるものとしています（都計法12の5①）。

① 用途地域が定められている土地の区域

② 用途地域が定められていない土地の区域のうち次のいずれかに該当するもの

　・住宅市街地の開発その他建築物もしくはその敷地の整備に関する事業が行われる、または行われた土地の区域。

　・建築物の建築またはその敷地の造成が無秩序に行われ、または行われると見込まれる一定の土地の区域で、公共施設の整備の状況、土地利用の動向等からみて不良な街区の環境が形成されるおそれがあるもの。

　・健全な住宅市街地における良好な居住環境その他優れた街区の環境が形成されている土地の区域。

　なお、地区計画が定められている区域において、土地の区画形質の変更や建築物の建築等を行う場合には、市町村長への届出が義務づけられています。また、地区計画で定めた事項のうち建築物の用途、敷地に関する事項等を、建築基準法に基づく条例による制限として定めることができます。

【地区計画による制限の例示】

　・建築物等の用途の制限

　・建築物の容積率の最高限度または最低限度

・建築物の建ぺい率の最高限度

・建築物等の高さの最高限度または最低限度

・建築物の敷地面積または建築面積の最低限度

・壁面の位置の制限、壁面後退区域における工作物の設置の制限

・建築物等の形態または色彩その他の意匠の制限

・建築物の緑化率の最低限度

・垣またはさくの構造の制限

6　開発許可制度

　開発行為とは、主として建築物の建築または特定工作物（コンクリートプラント等の第1種特定工作物、ゴルフコース・1ha以上の墓園等の第2種特定工作物）の建設の用に供する目的で行う土地の区画形質の変更をいいます。

　規制対象規模以上の開発行為をしようとする者は、原則、都道府県知事等の許可を受けなければなりません（都計法29）。

■規制対象規模

都市計画区域	線引き都市計画区域	市街化区域	1,000m^2（三大都市圏の既成市街地、近郊整備地帯等は 500m^2）以上の開発行為 ※開発許可権者が条例で 300m^2 まで引き下げ可	技術基準適用	立地基準適用
		市街化調整区域	原則として全ての開発行為		
	非線引き都市計画区域		3,000m^2 以上の開発行為 ※開発許可権者が条例で 300m^2 まで引き下げ可		
準都市計画区域			3,000m^2 以上の開発行為 ※開発許可権者が条例で 300m^2 まで引き下げ可		
都市計画区域及び準都市計画区域外			1 ha 以上の開発行為		

（国土交通省 HP より一部加工のうえ掲載）

　なお、下記の開発行為は許可が不要です。

・市街化調整区域、区域区分が定められていない都市計画区域または準都市計画区域内において行う開発行為で、農業等の用に供する建築物またはこれらの業務を営む者の居住の用に供する目的で行うもの

・駅舎その他の鉄道の施設、図書館、公民館、変電所その他公益上必要な建築物の建築の用に供する目的で行う開発行為

・都市計画事業等の施行として行う開発行為

・公有水面埋立法の免許を受けた埋立地であって、まだ告示がないものにおいて行う開発行為

・非常災害のため必要な応急措置として行う開発行為

・通常の管理行為、軽易な行為、その他政令で定めるもの

(1)　開発許可の基準

　都道府県知事等は、開発許可の申請があった場合において、当該申請に係る開発行為が、用途制限の適合、道路・公園・給排水施設等の確保、防災上の措置等に関する基準に適合しており、かつ、その申請の手続が規定に違反していないと認めるときは、開発許可をしなければなりません（都計法33）。

　なお、近年頻発・激甚化する自然災害に対応するため、災害ハザードエリアにおける新規立地の抑制、移転の促進、防災まちづくりの推進の観点から総合的な対策を講じる必要があることから、都市再生特別措置法等の一部を改正する法律（令和2年法律第43号。公布日：令和2年6月10日）により都市計画法の一部が改正され、令和4年4月1日から施行されることとなりました。

　災害ハザードエリアとは、次の区域のことを指します。

区分	区域名称	根拠法令
災害 レッド ゾーン	災害危険区域	建築基準法 39 条 1 項
	地すべり防止区域	地すべり等防止法 3 条 1 項
	急傾斜地崩壊危険区域	急傾斜地の崩壊による災害の防止に関する法律 3 条 1 項
	土砂災害特別警戒区域	土砂災害警戒区域等における土砂災害防止対策の推進に関する法律 9 条 1 項
	浸水被害防止区域	特定都市河川浸水被害対策法 56 条 1 項
災害 イエロー ゾーン	土砂災害警戒区域	土砂災害警戒区域等における土砂災害防止対策の推進に関する法律 7 条 1 項
	浸水想定区域（洪水等の発生時に生命又は身体に著しい危害が生ずるおそれがある土地の区域に限る）	水防法 15 条 1 項 4 号
	溢水、湛水、津波、高潮等による災害の発生のおそれのある土地の区域	都市計画法施行令 8 条 1 項 2 号ロ

（千葉県 HP を参考に掲載）

【災害レッドゾーンにおける開発の原則禁止（都計法 33 ①八）】

　これまでの規制対象は、「自己以外の居住の用に供する住宅の開発行為」および「自己以外の業務の用に供する施設の開発行為」でしたが、新たに自己の業務の用に供する施設の開発行為についてもこの規制の対象に含まれることとなりました。

　これにより、令和 4 年 4 月 1 日以降、自己の居住の用に供する住宅以外の開発行為は、原則として災害レッドゾーンを開発区域に含めることができなくなりました。

（2）市街化調整区域における開発許可の基準

　市街化調整区域における建築物の建築または第一種特定工作物（コンクリートプラント等）の建設の用に供する目的で行う開発行為は、技術基準（都計法 33）を満たし、かつ、立地基準（都計法 34）のいずれか

に該当しなければ許可されません。

なお、第二種特定工作物（ゴルフコース・1 ha 以上の墓園等）については適用されません。

【立地基準（都計法 34）】

① 主として周辺の地域において居住している者の利用に供する公益上必要な建築物（診療所、保育所等）またはこれらの者の日常生活のため必要な物品の販売、加工もしくは修理その他の業務を営む店舗、事業場等（食料品店、理髪店等）の用に供する目的で行う開発行為（1 号）

② 市街化調整区域内の鉱物資源、観光資源等の有効な利用上必要な建築物の用に供する目的で行う開発行為（生コン工場、観光展望台等）（2 号）

③ 温度、湿度、空気等について特別の条件を必要とする建築物で、当該特別の条件を必要とするため市街化区域内において建設することが困難なものの用に供する目的で行う開発行為（3 号）

④ 農業、林業もしくは漁業の用に供する建築物または市街化調整区域内において生産される農林水産物の処理、貯蔵もしくは加工のための建築物の用に供する目的で行う開発行為（4 号）

⑤ 特定農山村地域における農林業等の活性化のための基盤整備の促進に関する法律の所有権移転等促進計画の定める利用目的に従って行う開発行為（5 号）

⑥ 都道府県が国または独立行政法人中小企業基盤整備機構と一体となって助成する中小企業者の行う他の事業者との連携もしくは事業の共同化または中小企業の集積の活性化に寄与する事業の用に供するために行う開発行為（6 号）

⑦ 市街化調整区域内の既存工場の事業と密接な関連を有する事業の用に供するために行う開発行為（7 号）

⑧ 危険物の貯蔵または処理に供する建築物で、市街化区域内において建築することが不適当なものの用に供するための開発行為（火薬庫等）（8 号）

⑨　災害レッドゾーンからの移転を促進するための開発許可の特例

　　市街化調整区域内の災害レッドゾーン内に存する住宅等を同一の市街化調整区域の災害レッドゾーン以外の土地に移転する場合の特例が新設されました。

　　今回の法改正により、災害レッドゾーン内の既存建築物が従前と同一の用途で災害レッドゾーン外の安全な場所に移転する場合に開発許可等が可能となりました（8号の2）。　※令和4年新設

⑩　道路の円滑な交通を確保するために適切な位置に設けられる道路管理施設、休憩所、給油所等のための開発行為（ドライブイン、ガソリンスタンド等）（9号）

⑪　地区計画等の区域（地区整備計画等が定められている区域に限る）内において、当該地区計画または集落地区計画に適合する開発行為（10号）

⑫　市街化区域に近隣接する一定の地域のうち都道府県等が条例で指定する区域において、条例で指定する周辺環境の保全上支障がある用途に該当しない建築物の建築等を目的とする開発行為（11号）

⑬　周辺の市街化を促進するおそれがなく、かつ、市街化区域内において行うことが困難または著しく不適当な開発行為として、都道府県等の条例で区域、目的または予定建築物等の用途を限り定められたもの（12号）

【市街化調整区域の災害ハザードエリアにおける開発許可の厳格化（都計法34 十一、34 十二）】

　市街化調整区域は市街化を抑制すべき区域として開発行為等が厳しく制限されていますが、市街化区域に近隣接等する土地の区域のうち、地方公共団体が条例で指定した区域では、一定の開発行為等が可能とされています。

　今回の法改正により、この条例で指定する区域に、原則として、災害ハザードエリアを含めてはならないことが明確化されました。

⑭　市街化調整区域が定められた際、自己の居住用または自己の業務用の建築物を建築する目的で土地または借地権等を有していた者が、線引き後6か月以内に届け出て、5年以内に当初の目的どおりに行う開発行為（13号）

⑮　その他、都道府県知事が開発審査会の議を経て、開発区域の周辺における市街化を促進するおそれがなく、かつ、市街化区域内において行うことが困難または著しく不適当と認める開発行為（14号）

（3）建築行為等の制限

　開発許可を受けた開発区域内においては、工事完了公告があった後は、予定建築物等以外の建築物を新築、改築してはならず、また、予定建築物等の用途を変更することもできません（都計法42）。

　また、市街化調整区域のうち、開発許可を受けた開発区域以外の区域においては、建築物の新築・改築・用途変更等は開発許可権者の許可が必要となります。

3 ／ 土地区画整理法

 土地区画整理法とは？ ···

　道路、公園、河川等の公共施設を整備し、土地の区画を整えることを定めた法律です。土地の区画を整えて、宅地の利用の増進を図る事業を「土地区画整理事業」といいます。

1 ｜ 土地区画整理法の概要

（1）用語の定義

　「土地区画整理事業」とは、都市計画区域内の土地について、道路、公園等の公共施設の整備改善および宅地の利用の増進を図るため、土地の区画形質の変更および公共施設の新設または変更に関する事業をいいます（区画整理法2）。

　土地区画整理事業は、道路や公園などが未整備な区域において、土地

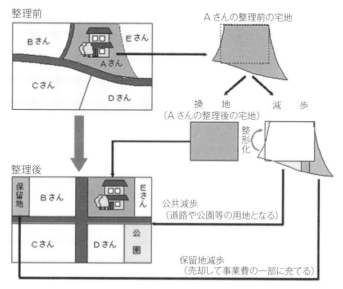

（国土交通省 HP より一部加工のうえ掲載）

所有者から土地の一部を提供（減歩）してもらい、道路や公園などの公共用地に充てるほか、その一部（保留地）を売却して事業資金の一部に充てることによって行います。

（2）土地区画整理事業の施行者

事業を行う施行者は、国・地方公共団体のほか、個人や土地の権利者が集まって土地区画整理組合を設立して行います。また、区画整理会社や独立行政法人都市再生機構が施行する地区もあります。

①　個人

土地の所有者または借地権者が、その土地について、1人または数人共同（7名未満）で、土地区画整理事業を行います。

②　組合

土地の所有者または借地権者が7人以上共同し、定款と事業計画を定め、土地区画整理組合を設立して施行します。

なお、定款と事業計画は、土地所有者および借地権者それぞれ3分の2以上の同意が必要となります。

③　区画整理会社

施行地区内の3分の2以上の土地の所有者等が、過半数の議決権を有する株式会社を設立し、土地区画整理事業を行います。

④　地方公共団体

都道府県または市町村が、施行区域内の土地を施行地区とする土地区画整理事業を都市計画事業として施行します。

⑤　国土交通大臣等

国にとって重要な施設の整備や災害復興などで急施を要すると認められる場合に、国土交通大臣、都道府県知事、市町村長が施行します。

⑥　公団公社等

宅地の供給等を目的として、独立行政法人都市再生機構、地方住宅供給公社が施行します。

（3）土地区画整理事業の流れ

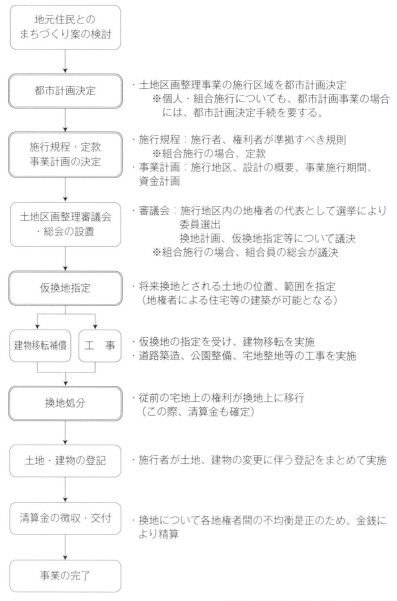

- 地元住民との
まちづくり案の検討

- 都市計画決定
  - ・土地区画整理事業の施行区域を都市計画決定
    - ※個人・組合施行についても、都市計画事業の場合には、都市計画決定手続を要する。

- 施行規程・定款
事業計画の決定
  - ・施行規程：施行者、権利者が準拠すべき規則
    - ※組合施行の場合、定款
  - ・事業計画：施行地区、設計の概要、事業施行期間、資金計画

- 土地区画整理審議会
・総会の設置
  - ・審議会：施行地区内の地権者の代表として選挙により委員選出
    換地計画、仮換地指定等について議決
    - ※組合施行の場合、組合員の総会が議決

- 仮換地指定
  - ・将来換地とされる土地の位置、範囲を指定
    （地権者による住宅等の建築が可能となる）

- 建物移転補償　　工　事
  - ・仮換地の指定を受け、建物移転を実施
  - ・道路築造、公園整備、宅地整地等の工事を実施

- 換地処分
  - ・従前の宅地上の権利が換地上に移行
    （この際、清算金も確定）

- 土地・建物の登記
  - ・施行者が土地、建物の変更に伴う登記をまとめて実施

- 清算金の徴収・交付
  - ・換地について各地権者間の不均衡是正のため、金銭により精算

- 事業の完了

（国土交通省 HP より一部加工のうえ掲載）

（4）仮換地

①　仮換地の指定（区画整理法98）

　施行者は、換地処分を行う前において、土地の区画形質の変更もしくは公共施設の新設もしくは変更に係る工事のため必要がある場合または換地計画に基づき換地処分を行うため必要がある場合においては、施行地区内の宅地について仮換地を指定することができます。

②　仮換地の指定の効果（区画整理法99）

　仮換地が指定された場合においては、従前の宅地について権原に基づき仮換地を使用し、または収益することができます。仮換地指定前においては、建築行為は事業の支障となるおそれが多く、厳しく制限されますが、仮換地として指定された土地については、土地区画整理事業における宅地造成工事等と調整のうえ、建物を建てることができます。

　しかし、従前の宅地については、使用し、または収益することができなくなります。

　なお、従前の宅地を売却したり、抵当権を設定することはできますが、仮換地を売却したり、抵当権を設定することはできません。

（5）換地処分（区画整理法103）

　換地処分は、土地区画整理事業の工事が完了した後において、遅滞なくしなければなりません。

　換地処分後は、従前の土地上にあった所有権や抵当権等の権利が換地上に移行します。

　また、換地について各地権者間の不均衡を是正するための清算金が確定します。

4 宅地造成等規制法[1]

 宅地造成等規制法とは？ ……………………………………………………

　宅地造成によるがけ崩れや土砂の流出による災害の防止のために必要なことを定めた法律です。

1 宅地造成等規制法の概要

（1）用語の定義

　「宅地」とは、農地、採草放牧地、森林、公共の用に供する施設の用に供されている土地以外の土地をいいます（宅地造成法2）。

　「宅地造成」とは、宅地以外の土地を宅地にするため、または宅地において行う土地の形質の変更（宅地を宅地以外の土地にするために行うものを除く。）をいいます（宅地造成法2）。

（2）宅地造成工事規制区域の指定

　都道府県知事等は、宅地造成に伴い災害が生ずるおそれが大きい市街地または市街地となろうとする土地の区域であって、宅地造成に関する工事について規制を行う必要があるものを、宅地造成工事規制区域として指定することができます（宅地造成法3）。

（3）許可の対象となる行為等

　宅地造成工事規制区域内の土地で、次のいずれかに該当する宅地造成に関する工事を行う場合には、都道府県知事等の許可が必要です（宅地造成法8）。

1　令和4年5月27日に「宅地造成等規制法の一部を改正する法律」（令和4年法律第55号）が公布され、「宅地造成等規制法」を抜本的に改正し、「宅地造成及び特定盛土等規制法」と法律名を変更し、土地の用途にかかわらず、危険な盛土等を包括的に規制することになります。詳しくは、2（38頁）で解説しています。

① 切土で、高さが2mを超える崖（30度以上の斜面）を生ずる工事

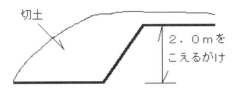

② 盛土で、高さが1mを超える崖を生ずる工事

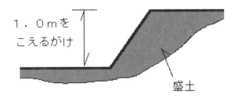

③ 切土と盛土を同時に行う時、盛土は1m以下でも切土と合わせて高さが2mを超える崖を生ずる工事

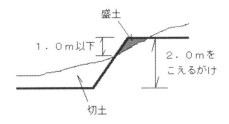

④ 切土、盛土で生じる崖の高さに関係なく、宅地造成面積が500㎡を超える工事

（千葉市HPより一部加工のうえ掲載）

（4）届出の対象となる行為等

宅地造成工事規制区域内の土地で、次のいずれかに該当する宅地造成に関する工事等を行う場合には、都道府県知事等への届出が必要です（宅

地造成法 15)。

① 区域の指定の際に行っている宅地造成に関する工事

② 許可の対象とならない行為で、次のいずれかのものの全部または一部を除却する工事

　　・高さが 2 m を超える擁壁

　　・地表水等を排除するための排水施設

　　・地滑り抑止ぐい

③ 宅地以外の土地を宅地へ転用する行為

(5) 造成宅地防災区域

　都道府県知事等は、宅地造成に伴う災害で相当数の居住者等に危害を生ずるものの発生のおそれが大きい一団の造成宅地を「宅地造成工事規制区域」とは別に「造成宅地防災区域」として指定し、その所有者等に対して、改善のために必要な勧告および命令を行うことができます（宅地造成法 21、22）。

2 宅地造成及び特定盛土等規制法

　盛土等による災害から国民の生命・身体を守る観点から、盛土等を行う土地の用途やその目的にかかわらず、危険な盛土等を全国一律の基準で包括的に規制する「宅地造成等規制法の一部を改正する法律」（令和 4 年法律第 55 号。通称「盛土規制法」）が、令和 4 年 5 月 27 日に公布されました（公布の日から 1 年を超えない範囲内で政令で定める日から施行予定）。

(1) 背景

　静岡県熱海市で大雨に伴って盛土が崩落し、大規模な土石流災害が発生したことや、危険な盛土等に関する法律による規制が必ずしも十分でないエリアが存在していること等を踏まえ、「宅地造成等規制法」を抜本的に改正して、「宅地造成及び特定盛土等規制法」とし、土地の用途

にかかわらず、危険な盛土等を包括的に規制します。

（2）改正の概要

①　包括的な規制

【規制区域】

　都道府県知事等が、宅地、農地、森林等の土地の用途にかかわらず、盛土等により人家等に被害を及ぼし得る区域を規制区域として指定します。

　　　　　○宅地造成等工事規制区域：市街地や集落、その周辺など、人家等が存在するエリアについて、森林や農地を含めて広く指定

　　　　　○特定盛土等規制区域：市街地や集落等からは離れているものの、地形等の条件から人家等に危害を及ぼし得るエリア（斜面地等）も指定

【規制対象】

　農地・森林の造成や土石の一時的な堆積も含め、規制区域内で行う盛土等を許可の対象とします。また、宅地造成等の際に行われる盛土だけでなく、単なる土捨て行為や一時的な堆積についても規制されます。

　許可された盛土等については、所在地等の一覧を公表するとともに、現場での標識掲出を義務化し、無許可行為の早期の摘発につなげます。

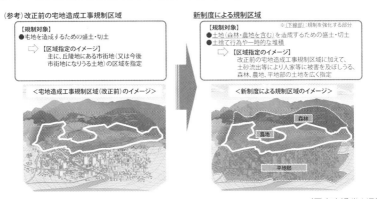

（国土交通省 HP）

②　盛土等の安全性の確保

【許可基準、手続き】

　盛土等を行うエリアの地形・地質等に応じて、災害防止のために必要な許可基準を設定します（許可に当たっては、工事主の資力・信用、工事施行者の能力についても審査）。

　また、許可に当たって、土地所有者等の同意および周辺住民への事前周知（説明会の開催等）を要件化します。

【中間検査、完了検査】

　許可基準に沿って安全対策が行われているかどうかを確認するため、施工状況の定期報告、施工中の中間検査および工事完了時の完了検査を実施します（地域の実情に応じ、条例で、許可基準の強化のほか、定期報告の頻度や内容、中間検査の対象項目等の上乗せができる旨の規定を措置）。

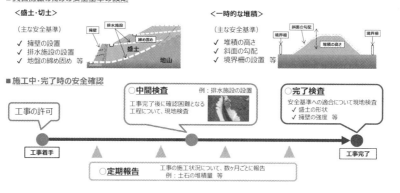

（国土交通省 HP）

③　責任の所在の明確化

【管理責任】

　盛土等が行われた土地について、土地所有者等が安全な状態に維持する責務を有することを明確化します。

40

　土地所有者等とは、土地の所有者、管理者、占有者をいいます。土地が譲渡等された場合でも、その時点での土地所有者等に責務が発生します。

【監督処分】

　災害防止のため必要なときは、土地所有者等だけでなく、原因行為者に対しても、是正措置等を命令できます。当該盛土等を行った造成主や工事施工者、過去の土地所有者等も、原因行為者として命令の対象になり得ます。

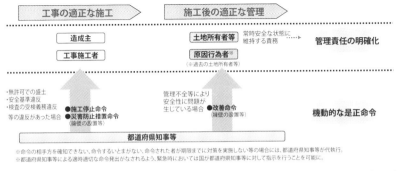

（国土交通省 HP）

④　実効性のある罰則の措置

【罰則】

　罰則が抑止力として十分機能するよう、無許可行為や命令違反等に対する罰則について、条例による罰則の上限より高い水準に強化されます。

　無許可、安全基準違反、命令違反等に対する懲役刑および罰金刑について、条例による罰則の上限より高い水準に強化（最大で懲役 3 年以下・罰金 1,000 万円以下）されます。また、法人に対しても抑止力として十分機能するよう、法人重科を措置（最大で 3 億円以下）します。

5 農地法

 農地法とは？ ···

　農地を農地以外のものにすることを規制することを定めた法律です。農地法では、耕作を行う土地を「農地」、農地以外の土地で、耕作や養畜のための採草・家畜の放牧のための土地を「採草放牧地」と規定しています。

1 農地法の概要

（1）用語の定義

　農地法の「農地」とは、耕作の目的に供される土地をいい、「採草放牧地」とは、農地以外の土地で、主として耕作または養畜の事業のための採草または家畜の放牧の目的に供されるものをいいます（農地法2）。

（2）農地法による制限

　農地等の権利移動や転用には制限があり、農地法に基づいた許可が必要となります。なお、市街化区域内の農地転用、または転用目的の権利移動をする場合には、あらかじめ農業委員会への届出を行えば、農地法4条、5条の許可は不要になります。

　農地法上の必要な許可を受けなかった場合には、権利移動の契約は原則無効となり、工事停止命令や原状回復命令が下る場合もあります。

① 農地・採草放牧地の権利移動の制限

　「農地」または「採草放牧地」について所有権を移転し、または地上権・永小作権・質権・使用借権・賃借権等の権利設定・移転する場合には、原則として農業委員会の許可が必要となります（農地法3）。

② 農地の転用の制限

　「農地」を農地以外の用途に転用する場合には、原則として都道府県

知事等の許可が必要となります。なお、「採草放牧地」の転用には制限がなく許可は不要です（農地法4）。

③　**農地・採草放牧地の転用のための権利移動の制限**

　「農地」を農地以外の転用目的または「採草放牧地」を採草放牧地以外（農地を除く）の転用目的で、原則として賃借権等の権利を設定・所有権の移転をする場合には、都道府県知事等の許可が必要となります（農地法5）。

2　農地転用の許可基準

　農地の転用許可には一定の基準があり、「立地基準」と「一般基準」があります。立地基準では農地を下図のとおり5種類に区分して、生産性の高い優良農地（農用地区域内農地、甲種農地、第1種農地）は原則不許可、市街地にある農業生産への影響の少ない農地（第3種農地）が原則許可となっています。

■農地転用許可制度の概要

　農地転用許可制度では、優良農地を確保するため、農地の優良性や周辺の土地利用状況等により農地を区分し、転用を農業上の利用に支障が少ない農地に誘導するとともに、具体的な転用目的を有しない投機目的、資産保有目的での農地の取得は認めないこととしています。

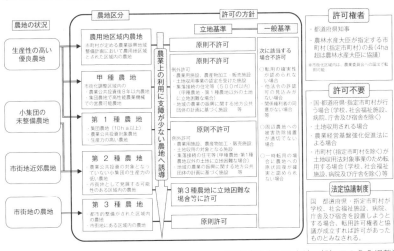

（農林水産省HPより一部加工のうえ掲載）

6 生産緑地法

 生産緑地法とは？ ･･
都市部の農地等に関し必要な事項を定めた法律です。

1 生産緑地法の概要

　市街化区域内で生産緑地に指定された農地等では固定資産税の軽減措置や、相続税の納税猶予措置などが適用されます。

（1）生産緑地地区の指定
　市街化区域内の農地等で、次に該当する区域について都市計画に生産緑地地区を定めることができます（生産緑地法3）。
　① 都市環境の保全等良好な生活環境の確保に相当の効用があるもの
　② 500㎡以上の規模の区域であること
　③ 農林漁業の継続が可能な条件を備えているもの

（2）行為の制限
　以下の行為については、市町村長の許可が必要となります（生産緑地法8）。
　① 建築物その他の工作物の新築、改築または増築
　② 宅地の造成、土石の採取その他の土地の形質の変更
　③ 水面の埋立てまたは干拓

（3）生産緑地の買取りの申出
　生産緑地として告示された日から30年が経過した場合には、市町村長に対して、時価で買取りを申し出ることができます（生産緑地法10）。

（4）生産緑地の取得のあっせん

　市町村長は、買い取らない旨の通知をしたときには、当該生産緑地において農林漁業に従事することを希望する者が取得できるようにあっせんすることに努めなければなりません（生産緑地法13）。

（5）行為の制限の解除

　生産緑地法10条に基づく買取りの申出があり、申出の日から3月以内に生産緑地の所有権の移転が行われなかったときは、行為の制限が解除されます（生産緑地法14）。

２　生産緑地法の改正

　平成29年5月12日に「都市緑地法等の一部を改正する法律」が公布され、平成29年6月15日（一部は平成30年4月1日）より施行されています。

　改正の概要は、以下のようになっています。

① 　面積要件の引下げ

　・生産緑地地区を都市計画に定めるには、一団で500㎡以上の区域とする規模要件が設けられていましたが、面積要件を条例で300㎡まで引下げが可能になりました（生産緑地法3②）。

② 　建築規制の緩和

　・生産緑地地区内では、設置可能な建築物を農業用施設に厳しく限定されていましたが、農産物等の加工施設、直売所、農家レストラン等の設置が可能となりました（生産緑地法8②二）。

③ 　特定生産緑地制度

　・市町村長は告示から30年経過するまでに、生産緑地を「特定生産緑地」として指定できることになりました。指定された場合、買取りの申出ができる時期が、10年ごとに延長できるようになります（生産緑地法10の2）。

3 ┃ 特定生産緑地制度と税制

　特定生産緑地の税制については、従来の生産緑地に措置されてきた税制が継続されますが、特定生産緑地に指定しない場合は、買取りの申出をしない場合でも、従来の税制措置が受けられなくなります。

■特定生産緑地に指定する場合

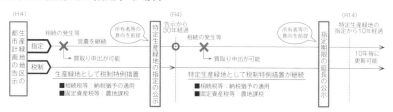

■特定生産緑地に指定しない場合

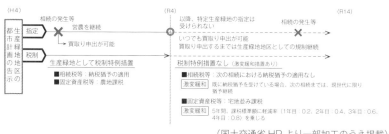

（国土交通省 HP より一部加工のうえ掲載）

4 ┃ 2022 年問題

　国土交通省によると、2022 年には生産緑地地区のうち、面積ベースでおおむね8割にあたる生産緑地が、指定から 30 年が経過します。生産緑地を市町村に対して時価で買取りを申し出ることができるようになりますが、市町村は財政が厳しく、買取りは困難であるといわれています。市町村は、買い取らない旨の通知をしたときには、他の農業従事者に斡旋することに努めなければなりませんが、買い手がつかない場合は生産緑地の指定は解除されます。

　今後も税制優遇を受けるために必要な「特定生産緑地」の指定見込みについて国土交通省が行った調査（令和4年3月末時点）では、指定済みおよび指定が見込まれる生産緑地は全体の88％、指定の意向がない生産緑地は9％で、残りの3％は現時点で指定の意向が未定等の生産緑地であることが分かりました。

　2022年以降、生産緑地の指定が解除された多くの農地が宅地に転換され、都市部の地価が急落する「2022年問題」が不動産業界で懸念されていましたが、税優遇が延長される都市農地の新制度が奏功し、大きな混乱はおきないのではないかと予測されます。

■特定生産緑地の指定意向調査結果（令和4年3月末時点）

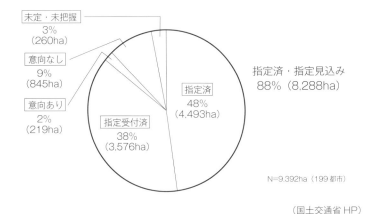

N=9.392ha（199都市）

（国土交通省 HP）

47

第**2**章

税務編

1 建築基準法と税務上の関係法令

 ポイント（所得税）

　租税法の条文における用語と同じ用語が他の法律で使用されていることがあります。本項では、いわゆる住宅借入金等特別控除（措法41）と建築基準法との比較を例として、租税法と他の法律との関係をどのように捉えればよいのか解説します。

　また、個人が所有する敷地に建築基準法の余剰容積が生じた際、第三者への地役権を設定する等して、余剰容積の有効利用を行うことがあります。それでは、地役権の設定に伴い得る対価の所得区分はどう考えるべきでしょうか。余剰容積を有効利用する制度を紹介しながら解説します。

 ポイント（相続税）

　国税の納付は、原則として金銭により行います（通則法34①前段）。しかし、相続税には、物納制度が設けられており、一定の手続の下、物納することが可能となっています（相法41①）。そこで、物納により相続税を納付する場合にどのような対応が必要なのかについて解説します。

 ポイント（固定資産税）

　土地に係る固定資産税の課税標準は、基準年度の価格で土地課税台帳または土地補充台帳に登録されたものとされていますが（地法349①）、納税者がその価格を不服とすることもあります。このような場合にどのような対応が必要なのかについて解説します。

　また、固定資産税は、一部の固定資産について、非課税とされています（地法348②）。例えば、「公共の用に供する道路」は非課税とされています（地法348②五）。そこで、建築基準法上の道路と「公共の用に供する道路」の関係について解説します。

1-1　建築基準法と所得税の関わり

1 ｜ 複数の法律で同じ用語が使われている場合の対応

（1）租税特別措置法における「増築、改築」

　住宅借入金等特別控除とは、個人が住宅ローン等を利用して、マイホームの新築、取得または増改築等（以下「取得等」という。）をし、令和4年12月31日までに自己の居住の用に供した場合で一定の要件を満たすときにおいて、その取得等に係る住宅ローン等の年末残高の合計額等を基として計算した金額を、居住の用に供した年分以後の各年分の所得税額から控除するものです。また、住宅の取得等で、新型コロナに関する特別特例取得または特例特別特例取得に該当するものをした個人が、令和3年1月1日から令和4年12月31日までの間に自己の居住の用に供した場合も対象となります 。そして、「増改築等」とは、当該個人が所有している家屋につき行う「増築、改築」その他の政令で定める工事で、当該工事に要した費用の額が100万円を超えるもの等の要件を満たすものをいいます（措法41 ⑳）。また、政令で定める工事とは、租税特別措置法施行令26条33項の1号から6号に規定する以下の工事をいいます。

租税特別措置法施行令26条33項

一　増築、改築、建築基準法第2条第14号に規定する大規模の修繕又は同条第15号に規定する大規模の模様替

二　一棟の家屋でその構造上区分された数個の部分を独立して住居その他の用途に供することができるもののうちその者が区分所有する部分について行う次に掲げるいずれかの修繕又は模様替（前号に掲げる工事に該当するものを除く。）

　　イ　その区分所有する部分の床（建築基準法第2条第5号に規定する主要構造部（以下この号において「主要構造部」という。）である床及び最下階の床をいう。）の過半又は主要構造部である階段の過半について行う修繕又は模様替

　　ロ　その区分所有する部分の間仕切壁（主要構造部である間仕切壁

及び建築物の構造上重要でない間仕切壁をいう。）の室内に面する
部分の過半について行う修繕又は模様替（その間仕切壁の一部に
ついて位置の変更を伴うものに限る。）
　　ハ　その区分所有する部分の主要構造部である壁の室内に面する部分
の過半について行う修繕又は模様替（当該修繕又は模様替に係る壁
の過半について遮音又は熱の損失の防止のための性能を向上させる
ものに限る。）
三　家屋（前号の家屋にあつては、その者が区分所有する部分に限る。）
のうち居室、調理室、浴室、便所その他の室で国土交通大臣が財務
大臣と協議して定めるものの一室の床又は壁の全部について行う修
繕又は模様替（前２号に掲げる工事に該当するものを除く。）
四　家屋について行う建築基準法施行令第３章及び第５章の４の規定
又は国土交通大臣が財務大臣と協議して定める地震に対する安全性
に係る基準に適合させるための修繕又は模様替（前３号に掲げる工
事に該当するものを除く。）
五　家屋について行う国土交通大臣が財務大臣と協議して定める法第
41 条の３の２第１項に規定する高齢者等が自立した日常生活を営む
のに必要な構造及び設備の基準に適合させるための修繕又は模様替
（前各号に掲げる工事に該当するものを除く。）
六　家屋について行う国土交通大臣が財務大臣と協議して定めるエネ
ルギーの使用の合理化に著しく資する修繕若しくは模様替又はエネ
ルギーの使用の合理化に相当程度資する修繕若しくは模様替（前各
号に掲げる工事に該当するものを除く。）

　この条文中に、建築基準法を参照している箇所が何か所かあることが
分かります。特に１号では、「増築、改築」と建築基準法に規定する大
規模の修繕と大規模の模様替が同列で記載されていることから、ここで
の「増築、改築」は建築基準法でいうところの「増築、改築」を意味し
ているようにみえます。それでは、建築基準法において「増築、改築」
はどのように定義されているのでしょうか。

（2）建築基準法における「増築、改築」

　建築基準法において、「増築、改築」は、建築の一種として定義され
ています。すなわち、建築基準法において、建築とは、建築物を新築し、

増築し、改築し、または移転することをいいます（建基法2十三）。そして、「増築、改築」は、建築基準法において定義が明記されていませんが、旧建設省が発した通達等により、以下のように定義されるのが一般的です。

増築	敷地内の建築物の建築面積、床面積、延べ面積を増加させること。
改築	建築物の一部か全部を取り壊し、同一敷地内に従前の用途、構造、規模と著しく異ならない建築物を作ること。

（3）一般的な用語としての「増築、改築」

ここで、比較対象として、「増築、改築」の意味について、広辞苑[1]で調べてみます。

増築	在来の建物にさらに増し加えて建てること。たてまし。
改築	建物の全部または一部を建てかえること。

建築基準法の定義と一般的な意味を比較するとき、その内容に差異がみられるのは、「増築、改築」のうち、「改築」ではないでしょうか。建築基準法の「改築」は、一般的な用語としての「改築」が「建てかえる」とされているのに対し、「同一敷地内に従前の用途、構造、規模と著しく異ならない建築物を作る」という詳細な条件が加えられています。その結果、仮に、租税特別措置法41条の「改築」が、建築基準法の「改築」と同じ意味であれば、住宅借入金等特別控除の対象となる工事の範囲は規定に準じて限定されるものと考えられます。

それでは、租税特別措置法41条の「改築」は、建築基準法の「改築」と一般的な用語としての「改築」、どちらの意味に解釈するべきでしょうか。

（4）法律の目的や趣旨による検討

そこで、建築基準法1条をみると、「この法律は、建築物の敷地、構造、設備及び用途に関する最低の基準を定めて、国民の生命、健康及び

---

1 「広辞苑」（新村出 編、岩波書店、2018年1月、第7版）

財産の保護を図り、もつて公共の福祉の増進に資することを目的とする。」とされています。このことから、建築基準法において、「改築」を「同一敷地内に従前の用途、構造、規模と著しく異ならない建築物を作る」としている目的は、国民の生命、健康および財産の保護を図ることにあると考えられ、国民に対して租税を公平に課するという租税法の目的にはそぐわないように考えられます。

（5）法律の文言による検討

　租税特別措置法施行令26条33項1号を分解すると、①増築、②改築、③建築基準法2条14号に規定する大規模の修繕、④同条15号に規定する大規模の模様替の4種類に分けられます。ここで「建築基準法に規定する」とされているのは③大規模の修繕と④大規模の模様替のみであり、①増築と②改築には、「建築基準法に規定する」という修飾がありません。したがって、租税特別措置法における「増築、改築」とは、建築基準法ではなく、一般的な用語での意味で解釈して差し支えないものと考えられます。

2　建築基準法上の余剰容積を移転したことに基づく対価の所得区分

（1）余剰容積の有効利用を目的とした制度

　建築基準法において、余剰容積を有効活用する制度として、連担建築物設計制度（建基法86②）があります。建築基準法は、それぞれの建築物の敷地ごとに容積率を算定するものです。ある敷地上の建築物について容積率の最高限度まで使用されず、余剰容積があったとしても、原則としてこれを他の敷地で利用することはできません。

　連担建築物設計制度とは、土地の有効利用等の観点から、特定行政庁に対し認定の申請を行い（建基規10の16）、複数の敷地について、隣接する敷地を1つとみなし、その余剰容積を有効利用することで、それぞれ単独の敷地とされた場合よりも大きな建築物を築造すること等を可能とする制度をいいます。

（2）個人が第三者に対し地役権を設定した際に得る対価の所得区分

　個人が所有する敷地に地役権を設定し余剰容積を有効利用し新たに建築物を築造したとみなす場合は、不動産所得（所法26①）に該当し、個人が第三者に対し地役権を設定した際に得る対価の所得区分は、個人が第三者に対し地役権を譲渡したとみなす場合は、譲渡所得（所法33①）に該当すると考えられます。

　ここで、不動産所得と譲渡所得それぞれの条文を抜粋すると、所得税法26条1項は、「不動産所得とは、不動産…の貸付け（地上権…の設定その他他人に不動産等を使用させることを含む。）による所得（…譲渡所得に該当するものを除く。）をいう。」と規定しています。一方で、所得税法33条1項は、「譲渡所得とは、資産の譲渡（…地上権…の設定その他契約により他人に土地を長期間使用させる行為で政令で定めるものを含む。…）による所得をいう。」と規定しています。

　不動産所得と譲渡所得の条文を比較すると、連担建築物設計制度に基づく地役権の設定により得る対価は、いずれの所得区分にも該当するようにみえます[2]。

（3）資産の譲渡とみなされる行為

　土地を長期間使用させる行為は、経済的かつ実質的には、土地の所有者等が、その土地の更地価額のうち土地の利用権に当たる部分を半永久的に譲渡することによって、その土地に対する投下資本の大半を回収するものとみることができます。法律的には資産の譲渡ということはできませんが、所得税法施行令によって、資産の譲渡とみなしています。

　所得税法上、資産の譲渡とみなされる行為が所得税法施行令79条1項で規定されており、地役権の設定の場合は、以下の場合が該当するとされています。

2　事業所得にも該当する可能性はありますが、本書では、条文構造の類似性に着目し、不動産所得と譲渡所得、いずれに該当するかどうかという点から解説します。

> ・特別高圧架空電線の架設
>
> ・特別高圧地中電線
>
> ・ガス事業法2条12項に規定するガス事業者が供給する高圧のガス
> を通ずる導管の敷設
>
> ・飛行場の設置
>
> ・懸垂式鉄道もしくは跨座式鉄道の敷設
>
> ・砂防法1条に規定する砂防設備である導流堤その他財務省令で定め
> るこれに類するものの設置
>
> ・都市計画法4条14項に規定する公共施設の設置
>
> ・都市計画法8条1項4号の特定街区内における建築物の建築のた
> めに設定されたもの（建造物の設置を制限するものに限る）

　所得税法施行令79条1項には、「その他これらに類する行為」等の規定がないことから、上記の規定は例示列挙ではなく、限定列挙と判断することになります。連担建築物設計制度に基づく地役権の設定は、規定されていない以上、資産の譲渡とみなすことはできず、不動産の貸付に該当します。また、連担建築物設計制度に基づく地役権を譲渡することは想定されていません[3]。この結果、連担建築物設計制度に基づく地役権の設定により得る対価は、不動産所得になると考えられます。

3　東京地裁平成20年11月28日判決（税資258号（順号11089））は、「連担建築物設計制度にかかわる地役権の設定契約は、…限定された当事者の間で締結されるもので、地役権そのものが単独で転々譲渡される余地はないことからしても、…地役権の設定の対価が…譲渡所得に該当するとはいえないことは明らかである。」と判示しています。

1-2　建築基準法と相続税の関わり

1　相続税を物納する際の留意点

（1）相続税の物納制度

　相続税の物納は、延納によっても金銭で納付することを困難とする事由がある場合、納税義務者が申請を行い、その納付を困難とする金額を限度として所轄税務署長が許可することで、可能となります（相法41①）。物納の許可を申請しようとする納税義務者は、その物納を求めようとする相続税の納期限までに、または納付すべき日に、金銭で納付することを困難とする金額およびその困難とする事由、物納を求めようとする税額、物納に充てようとする財産の種類および価額その他の相続税法施行規則22条1項で定める事項を記載した申請書に、物納の手続に必要な書類として相続税法施行規則22条2項で定めるものを添付し、これを納税地の所轄税務署長に提出しなければなりません（相法42①）。

　また、物納に充てることができる財産は、管理または処分をするのに不適格なものとして相続税法施行令18条で定めるもの（以下、「管理処分不適格財産」という。）は除かれます（相法41②）。管理処分不適格財産のうち、不動産に関する規定は、相続税法施行令18条1号に記載されています。

　条文を読むと、管理処分不適格財産とされる財産は、国がこれを換価し、その代金をもって金銭により国税を納付されたのと同様の財政収入を得ることが困難とされるものであると考えられます。このことから、相続税を物納により納付することとなった場合は、物納を申請する財産の換価が困難であるかどうかという観点から必要な調査を行う必要があります。

（2）他の土地に囲まれて公道に通じない土地で民法 210 条の規定に よる通行権の内容が明確でないもの

　相続税法施行令 18 条 1 号ホに規定される「他の土地に囲まれて公道に通じない土地で民法 210 条…の規定による通行権の内容が明確でないもの」とは、民法 210 条が規定する隣地通行権が、その通行の場所、方法等は無制限に許容されるものではなく、通行権者にとって必要な限度で、かつ、隣接地のために損害が最も少ない場所や方法を選ばなければならないとされるため、国による換価が困難となる可能性があることから、管理処分不適格財産とされたものです。

　一方で、建築基準法 42 条に規定される道路には、いわゆる私道も含まれます。よって、私道に囲まれた土地であっても、一定の制限はありますが、建築物を築造する等の使用は可能といえます [4]。土地の周りの道路種別は縦覧図等で確認できますが、土地の周りが私道に囲まれている等の場合、当該私道の通行権の内容までは確認できません。仮に、当該私道の通行権がない場合は、当該私道の所有者から書面により承諾を得る必要があるため [5]、留意が必要です。

4　私道の用に供されている宅地の相続税に係る財産の評価における減額の要否および程度の判断の方法を示した最高裁平成 29 年 2 月 28 日第三小法廷判決（民集 71 巻 2 号 296 頁）は、私道の用に供されている宅地の相続税に係る財産の評価における減額の要否および程度の考慮事項として、「相続税に係る財産の評価において、私道の用に供されている宅地につき客観的交換価値が低下するものとして減額されるべき場合を、建築基準法等の法令によって建築制限や私道の変更等の制限などの制約が課されている場合に限定する理由はなく、そのような宅地の相続税に係る財産の評価における減額の要否及び程度は、私道としての利用に関する建築基準法等の法令上の制約の有無のみならず、当該宅地の位置関係、形状等や道路としての利用状況、これらを踏まえた道路以外の用途への転用の難易等に照らし、当該宅地の客観的交換価値に低下が認められるか否か、また、その低下がどの程度かを考慮して決定する必要があるというべきである。」と判示しています。

5　国税不服審判所平成 18 年 6 月 14 日裁決（裁決事例集 71 号 659 頁）は、「国が物納財産を管理又は処分するためにその私道の利用が必要不可欠である場合にも、その私道の所有者にその土地の通行及び仕使用についての承諾を得る必要があるというべきである。…原処分庁が…承諾書の提出を求めたことは相当である。」としています。

1-3　建築基準法と地方税の関わり

1 ｜ 固定資産課税台帳に登録された価格に不服がある場合の対応

（1）土地課税台帳等に登録された価格が影響を受ける要素

　建築を行う際、敷地となる土地は、道路に2m以上接しなければなりません（建基法43①）。これを接道義務といいますが、接道義務を満たさない土地については、原則として当該土地上に建築物を建築することについて、建築確認（建基法6①）を受けることができません。

　建築確認を受けるためには、接道義務を満たすような措置を講じたり、特定行政庁（建基法2三十五）の許可を受けたりする必要があります。建築確認を受けられない場合、土地の用途に制約が生じることによって、一般的に土地の価格にマイナスの影響を与えることになるため[6]、接道義務を満たしているかどうかという点は、土地評価を行う際に重要になります。

（2）道路種別

　接道義務を満たしているかどうかを確認するにあたっては、建築基準法における道路の定義を理解する必要があります。建築基準法上における、都市計画区域および準都市計画区域内の道路種別を表にまとめると、以下のとおりとなります。

条項	道路幅員	内容
42条1項1号	4m 以上	道路法による道路。国道、都道府県道、市町村道といったいわゆる公道。
42条1項2号	4m 以上	都市計画法、土地区画整理法、都市再開発法等により築造されている道路。

6　最高裁平成30年7月17日第三小法廷判決（裁時1704号1頁）は、「42条道路に接しない土地の上に建築物を建築することについては、建築基準法43条1項本文所定の接道義務に違反するものとして、建築主事…の建築確認（同法6条、6条の2）を原則として受けることができず、…特定行政庁の許可…を受けること等が必要となる。42条道路に接していない土地は、このような利用上の制約があることから、42条道路に接している土地に比べて、一般的にその価額は低下するものと考えられる。」と判示しています。

42条1項3号	4m 以上	都市計画区域決定を受けた区域内の道路等。建築基準法施行当時に存在した道路。
42条1項4号	4m 以上	都市計画法、土地区画整理法、都市再開発法等により2年以内に事業執行予定として特定行政庁が指定する道路。
42条1項5号	4m 以上	敷地が道路に接していない場合に築造するもので、特定行政庁から位置の指定を受けた道路。
42条2項	4m 未満	特定行政庁が指定したもので、幅員4m未満であるが、道路とみなされる道。
42条3項	2.7m 以上4m 未満	土地の状況により将来的に拡幅が困難であるが、特定行政庁の指定により、道路とみなされる道。
42条4項	6m 未満	いわゆる6m区域内にあるもので、特定行政庁の指定により、道路とみなされる道。
42条5項	4m 未満	6m区域指定時に存在したもので、特定行政庁の指定により、道路とみなされる道。
68条の7第4項	—	予定道路として、特定行政庁の指定および建築審査会の同意により、道路とみなされる道。

　道路種別は、市町村が作成する縦覧図や指定地図等で確認することができます。これらの図は、建築確認等の場面において有力な資料の1つとなっています。なお、道路種別が未判定となっていることがあり、そのような場合は、各市町村に対して道路種別の判定を依頼する必要があります。

(3) 固定資産評価審査委員会に対する審査の申出

　土地課税台帳等に登録された価格を不服とする場合は、固定資産評価審査委員会に審査の申出を行います。審査の申出は、納税通知書の交付を受けた日等の翌日から起算して3か月以内に、固定資産税の納税者が、文書をもって固定資産評価審査委員会に対して行います（地法432①）。固定資産評価審査委員会とは、土地課税台帳等の固定資産課税台帳に登録された価格に関する不服の審査決定その他の事務を行う機関です（地

方自治法202の2⑤）。

　固定資産評価審査委員会は、3名以上の学識経験者等から、議会の同意を得て、市町村長が選任した委員から構成されます（地法423②、③）。委員は、学識経験者の他、弁護士、不動産鑑定士、一級建築士、税理士といった専門家等から選出されます。固定資産評価審査委員会の組織、審査の手続、記録の保存その他審査に関し必要な事項は、各市町村の条例で定められているため、審査の申出を行う際には、内容の確認と十分な理解が必要です。条例は、インターネットで閲覧可能となっていれば、「市町村名　固定資産評価審査会条例」というキーワードで検索すると発見できると思います。

　固定資産評価審査委員会は、審査の申出を受けた場合においては、直ちにその必要と認める調査その他事実審査を行い、その申出を受けた日から30日以内に審査の決定をしなければなりません（地法433①）。固定資産税の納税者は、固定資産評価審査委員会の決定に不服があるときは、その取消しの訴えを提起することができます（地法434①）。

2　固定資産税が非課税となる「公共の用に供する道路」といえるかどうかの確認

（1）「公共の用に供する道路」の解釈

　「公共の用に供する道路」の解釈については、昭和26年の地方財政委員会が発出した行政実例で示されています。すなわち、特定人が特定の用に供する目的で設けた道路であっても、その道路の現況が、一般的利用についてなんらの制約を設けず開放されている状態にあり、かつ、当該道路への連絡状況、周囲の土地の状況等からみて広く不特定多数人の用に供される性格を有するものについては、これを「公共の用に供する道路」とすると解されています（昭和26年9月14日付け地財委税第1456号）。この行政実例を基礎として、各特定行政庁が、「公共の用に供する道路」の認定基準について事務処理要領等により具体的に定めている場合があります。そのため、所管する特定行政庁が作成した事務

処理要領等を確認する必要があります。事務処理要領は、特定行政庁の
ウェブサイトで、規定の内容そのものを確認することができる場合もあ
りますが、概要が記載されているにすぎない場合もあります。それでは、
特定行政庁の事務処理要領等を閲覧した結果、「公共の用に供する道路」
に該当するかどうかの判断に迷った場合、どのような対応をとればよい
でしょうか。

(2) 建築基準法に基づく判断

　まず、建築基準法 42 条に基づき、「道路」に該当するかどうかを判断
します。建築基準法による「道路」の種類は前述のとおりです。特定行
政庁の所管課に出向き、必要資料を入手する等すれば判断できるものと
考えられます。加えて、建築基準法 44 条 1 項では、以下の例外を除いて、
道路内における建築物等の築造を制限しています。

建築基準法 44 条 1 項

一　地盤面下に設ける建築物

二　公衆便所、巡査派出所その他これらに類する公益上必要な建築物
　　で特定行政庁が通行上支障がないと認めて建築審査会の同意を得て
　　許可したもの

三　43 条 1 項 2 号の道路の上空又は路面下に設ける建築物のうち、当
　　該道路に係る地区計画の内容に適合し、かつ、政令で定める基準に
　　適合するものであつて特定行政庁が安全上、防火上及び衛生上支障
　　がないと認めるもの

四　公共用歩廊その他政令で定める建築物で特定行政庁が安全上、防
　　火上及び衛生上他の建築物の利便を妨げ、その他周囲の環境を害す
　　るおそれがないと認めて許可したもの

　したがって、「道路」とされる道に建築物があるとすれば、違法建築
になってしまうことから、建築物があるにもかかわらず「道路」である
とするのは、建築基準法に基づくと無理があるものと考えられます。

（3）非課税申告書等の提出の有無

　建築基準法42条および44条に基づき判断した結果、「公共の用に供する道路」に該当すると考えられる場合でも、それだけでは非課税となりません。通常は特定行政庁の条例に規定されていますが、「公共の用に供する道路」に関する非課税申告書および関連資料が提出されているかどうかについて、特定行政庁の所管課への確認が必要となります。

2　都市計画法と税務上の関係法令

 ポイント ....

　所得税法上譲渡とみなされる行為の適用要件や、租税特別措置法に規定される収用等に伴い代替資産を取得した場合の課税の特例の適用要件を理解するにあたり、都市計画法およびその関連法令の理解は重要です。そこで、所得税法や租税特別措置法を理解するにあたり、必要となる都市計画法および関連法令を解説します。また、都市計画法上の規制が固定資産税の課税標準に与える影響について、裁判所の判決を踏まえながら解説します。

2-1　都市計画法と所得税の関わり

1 ┃ 譲渡とみなされる行為

（1）所得税法上の譲渡所得

　所得税法33条に規定する譲渡所得は、建物または構築物の所有を目的とする地上権または賃借権の設定その他契約により他人に土地を長期間使用させる行為で、所得税法施行令79条1項で定めるものを含みます。

　具体的には、建物もしくは構築物の所有を目的とする借地権[1]または地役権の設定となります（所令79①）。そして、地役権の設定に関するかっこ書きの一部で都市計画法に言及しており、ⅰ都市計画法4条14項に規定する公共施設の設置、ⅱ都市計画法8条1項4号の特定街区内における建築物の建築、これらのために設定されたもので、建造物の設置を制限するものに限るとされています。そこで、以下では都市計画法4条14項および8条1項4号の内容について説明します。

（2）都市計画法4条14項の内容

　都市計画法は、都市計画の内容およびその決定手続、都市計画制限、都市計画事業その他都市計画に関し必要な事項を定めることにより、都市の健全な発展と秩序ある整備を図り、もって国土の均衡ある発展と公共の福祉の増進に寄与することを目的とする法律です（都計法1）。都市計画法4条は、用語の定義となっており、都市計画法4条14項は、公共施設の定義が規定されています。公共施設とは、道路、公園、都市計画法施行令1条の2で定める「下水道、緑地、広場、河川、運河、水路及び消防の用に供する貯水施設」といった、公共の用に供する施設をいいます。このうち、道路は、建築基準法42条1項2号で定義される道路と同義です。

　なお、所得税法施行令7条は繰延資産の範囲に関する規定ですが、こ

1　所得税法施行令79条1項では、「地上権若しくは賃借権」と規定されています。

の中で「自己が便益を受ける公共的施設又は共同的施設の設置又は改良のために支出する費用」が繰延資産として規定されています。所得税法上、公共的施設の定義はないですが、多数の者の利用に供する施設をいうとされる考え方もあり、この場合、上述の公共施設以外にも、病院等の建物も含まれる概念となります。したがって、公共的施設とは、公共施設よりも施設の種類が広範であると考えられます。

（3）都市計画法8条の内容

　都市計画法8条は、地域地区の規定となっており、第一種低層住居専用地域、第二種低層住居専用地域、第一種中高層住居専用地域、第二種中高層住居専用地域、第一種住居地域、第二種住居地域、準住居地域、田園住居地域、近隣商業地域、商業地域、準工業地域、工業地域または工業専用地域といった用途地域は、都市計画法8条1項1号に規定されています。都市計画法8条1項4号は特定街区の規定です。特定街区とは、市街地の整備改善を図るため、街区の整備または造成が行われる地区をいいます。特定街区における容積率、高さ等が都市計画で別に定められ、用途地域内での容積率、高さ等の一般的な規制は適用されません（建基法60）。

　なお、建築基準法においても容積率、高さ等の一般的な規制が適用されない総合設計制度という規定があります（建基法59の2）。総合設計制度とは、500㎡以上の敷地で敷地内に一定割合以上の空地を有する建築物について、計画を総合的に判断して、敷地内に歩行者が日常自由に通行または利用できる空地（公開空地）を設けるなどにより、市街地の環境の整備改善に資すると認められる場合に、特定行政庁の許可により、容積率、高さ等の緩和を認めるものです。特定街区の規定と類似しているので両者を適切に区別しましょう。

2 ｜ 収用等に伴い代替資産を取得した場合の課税の特例

（1）制度の概要

　収用等に伴い代替資産を取得した場合の課税の特例は、租税特別措置法33条に規定されています。

　条文を読むと、個人が所有する資産が、租税特別措置法33条1項各号で規定する場合に該当し、収用等に伴う代替資産の取得をしたときは、当該収用等により取得した補償金、対価または清算金の額と当該代替資産に係る取得価額の大小関係によって、譲渡所得の課税（措法31、措法32、所法32、所法33）について、以下の取扱いとなることが分かります。

ⅰ　当該収用等により取得した補償金、対価または清算金の額 $\leqq$ 当該代替資産に係る取得価額

→当該譲渡した資産の譲渡がなかったものとされます。

ⅱ　当該収用等により取得した補償金、対価または清算金の額 $>$ 当該代替資産に係る取得価額

→以下の算式により計算した金額に相当する部分とされます。

$$\left(\begin{array}{c}\text{当該収用等により}\\\text{取得した補償金、}\\\text{対価または清算金の額}\end{array}-\begin{array}{c}\text{当該譲渡資産の}\\\text{代替資産に係る}\\\text{取得価額}\end{array}\right)\div\begin{array}{c}\text{当該収用等により}\\\text{取得した補償金、}\\\text{対価または清算金の額}\end{array}\times\begin{array}{c}\text{当該譲渡資産}\\\text{の価額}\end{array}$$

（2）租税特別措置法33条1項各号の内容

　次に、租税特別措置法33条1項各号で規定する場合の内容について説明します。

①　租税特別措置法33条1項1号

> 一　資産が土地収用法、河川法、都市計画法、首都圏の近郊整備地帯及び都市開発区域の整備に関する法律、近畿圏の近郊整備区域及び都市開発区域の整備及び開発に関する法律、新住宅市街地開発法、都市再開発法、新都市基盤整備法、流通業務市街地の整備に関する法律、水防法、土地改良法、森林法、道路法、住宅地区改良法、所有者不明土地の利用の円滑化等に関する特別措置法その他租税特別措置法施行令22条1項前段で定めるその他の法令[2]（以下、本項において「土地収用法等」という。）の規定に基づいて収用され、補償金を取得する場合

　土地収用法等に含まれる法律はさまざまですが、これらの法律のうち、

都市計画法の規定に基づく収用に関する解説を行います。都市計画法の規定に基づく収用は、都市計画事業のために実施されます。ここで、都市計画事業とは、都市計画法59条の規定による認可または承認を受けて行われる都市計画施設の整備に関する事業および市街地開発事業をいいます（都計法4⑮）。また、都市計画事業のための土地等の収用[3]に関する規定は、都市計画法69条から73条まであります。

　土地の収用が伴う事業は、土地収用法3条に規定されていますが、都市計画事業は、土地収用法3条各号に該当する事業とみなされ、土地収用法の規定が適用されます（都計法69）。土地の収用を伴う事業は、国土交通大臣または都道府県知事による認定が必要ですが（収用法17①、②）、都市計画事業については、市町村が、都道府県知事（第1号法定受託事務として施行する場合にあっては、国土交通大臣）の認可または承認を受けて施行します（都計法59①）。ただし、特定の場合において、市町村以外の者も都市計画事業を施行することもあります。この点に関する都市計画法上の内容を表にまとめると、以下のとおりとなります。

場合	施行者	認可者または承認者	根拠規定
	市町村	都道府県知事または国土交通大臣による認可	59条1項
市町村が施行することが困難または不適当な場合その他特別な事情がある場合	都道府県	国土交通大臣による認可	59条2項
国の利害に重大な関係を有する都市計画事業を施行する場合	国の機関	国土交通大臣による承認	59条3項

2　測量法、鉱業法、採石法または「日本国とアメリカ合衆国との間の相互協力及び安全保障条約第6条に基づく施設及び区域並びに日本国における合衆国軍隊の地位に関する協定の実施に伴う土地等の使用等に関する特別措置法」とされます。
3　都市計画法69条から73条までは、「都市計画事業のための土地等の収用又は使用」という表題ですが、以下、本項においては収用のみに言及して解説します。

事業の施行に関して行政機関の免許、許可、認可等の処分を必要とする場合においてこれらの処分を受けているとき、その他特別な事情がある場合	国の機関、都道府県および市町村以外の者	都道府県知事による認可 ただし、あらかじめ、関係地方公共団体の長の意見をきく必要あり	59条4項 59条5項

② 　**租税特別措置法 33 条 1 項 2 号**

> 二　資産について買取りの申出を拒むときは土地収用法等の規定に基づいて収用されることとなる場合において、当該資産が買い取られ、対価を取得するとき

　租税特別措置法 33 条 1 項 1 号は、収用され、補償金を取得する場合でしたが、同項 2 号は、買い取られ、対価を取得するときとされます。また、同項 1 号と同様に、租税特別措置法施行令 22 条 9 項で定める場合に該当する場合を除くため、留意が必要です。

③ 　**租税特別措置法 33 条 1 項 3 号**

> 三　土地又は土地の上に存する権利（以下、本項において「土地等」という。）につき土地区画整理法による土地区画整理事業、大都市地域における住宅及び住宅地の供給の促進に関する特別措置法（以下「大都市地域住宅等供給促進法」という。）による住宅街区整備事業、新都市基盤整備法による土地整理又は土地改良法による土地改良事業が施行された場合において、
> 　　　　　　↓
> 当該土地等に係る換地処分により
> 土地区画整理法 94 条 [4] の規定による清算金（ⅰ）
> 又は
> 土地改良法 54 条の 2 第 4 項 [5] に規定する清算金（ⅱ）
> を取得するとき（ⅲ）。

4　大都市地域住宅等供給促進法 82 条 1 項および新都市基盤整備法 37 条において準用する場合を含みます。

　租税特別措置法33条1項3号は分割して記載しました。この規定は、適用除外に関するかっこ書きが多く、理解が難しいと考えられることから、以下で適用除外に関する⒤土地区画整理法94条の規定による清算金、⒤⒤土地改良法54条の2第4項に規定する清算金、⒤⒤⒤これらの清算金を取得するときの3か所に付されたかっこ書きについて、さらに分解して解説を行います。

⒤ 土地区画整理法94条[6]の規定による清算金の適用除外規定
　土地区画整理法90条[7]の規定により、換地又は当該権利の目的となるべき宅地若しくはその部分を定められなかったこと
　及び
　大都市地域住宅等供給促進法74条4項又は90条1項の規定により、大都市地域住宅等供給促進法74条4項に規定する施設住宅の一部等又は大都市地域住宅等供給促進法90条2項に規定する施設住宅若しくは施設住宅敷地に関する権利を定められなかったこと

　土地区画整理法90条は、所有者の同意により、換地計画において換地を定めないことができる旨を規定しています。
　一方、大都市地域住宅等供給促進法74条4項は、一般宅地の所有者または一般宅地について借地権を有する者から、住宅街区整備事業の施行者に対し、金銭により清算すべき旨の申出があったとき、換地計画において施設住宅の一部等を与えるように定めないで、金銭により清算するものとする旨を規定しています。また、同法90条1項は、住宅街区整備事業の施行者が、施設住宅の建設ならびに一般宅地について存する権利の消滅ならびに施設住宅および施設住宅敷地に関する権利の取得につき、一般宅地または一般宅地に存する物件に関し権利を有するすべての者の同意を得たときは、換地計画において施設住宅の一部等を与える

5　土地改良法89条の2第10項、96条および96条の4第1項において準用する場合を含みます。
6　大都市地域住宅等供給促進法82条1項および新都市基盤整備法37条において準用する場合を含みます。
7　大都市地域住宅等供給促進法82条1項および新都市基盤整備法36条において準用する場合を含みます。

ように定めないことができる旨を規定しています。

したがって、適用除外規定に該当するかどうかを判断するために、換地計画を閲覧し、「換地を定めない」または「施設住宅の一部等を与えるように定めない」ようになっているかどうかを確認することになります。

> **ⅱ 土地改良法54条の2第4項に規定する清算金の適用除外規定**
>
> 土地改良法53条の2の2第1項[8]の規定により、地積を特に減じて換地若しくは当該権利の目的となるべき土地若しくはその部分を定めたこと
>
> 又は
>
> 換地若しくは当該権利の目的となるべき土地若しくはその部分を定められなかったことにより支払われるもの

土地改良法53条の2の2第1項は、換地計画においては、従前の土地の所有者の申出または同意があった場合には、その申出または同意に係る従前の土地については、地積を特に減じて換地を定め、または換地を定めないことができる旨を規定しています。

したがって、適用除外規定に該当するかどうかを判断するために、換地計画を閲覧し、「地積を特に減じて換地を定めた」または「換地を定めない」ようになっているかどうかを確認することになります。

> **ⅲ これらの清算金を取得するときの適用除外規定（租税特別措置法施行令22条10項）**
>
> 土地区画整理法による土地区画整理事業（その施行者が土地区画整理法51条の9第5項に規定する区画整理会社（以下、本項において「区画整理会社」という。）であるものに限る。）の施行に伴い、当該区画整理会社の株主又は社員である者が、その有する土地等につき、当該土地等に係る換地処分により土地区画整理法94条の規定による清算金（土地区画整理法95条6項の規定により換地を定められなかったことにより取得するものに限る。）を取得する場合とする。

ⓘ土地区画整理法94条[9]の規定による清算金の適用除外規定または、

8　土地改良法89条の2第3項、96条および96条の4第1項において準用する場合を含みます。
9　大都市地域住宅等供給促進法82条1項および新都市基盤整備法37条において準用する場合を含みます。

ⅱ土地改良法54条の2第4項に規定する清算金の適用除外規定のいずれかに該当しない場合であっても、租税特別措置法施行令22条10項で定める場合に該当すれば、租税特別措置法33条1項3号は適用除外となります。区画整理会社が施行した土地区画整理事業により、当該区画整理会社の株主または社員である者が、当該土地等に係る換地処分により清算金を取得する場合が該当します。

　これに加えて、土地区画整理法95条6項の規定により、土地区画整理事業の施行により当該宅地に存する公共施設に代わるべき公共施設が設置され、その結果、当該公共施設が廃止される場合その他特別の事情のある場合において、当該宅地について換地を定められなかったことにより取得する清算金であれば、ⅲこれらの清算金を取得するときの適用除外規定に該当し、租税特別措置法33条1項3号が適用除外となります。

④　**租税特別措置法33条1項3号の2**

> 三の二　資産につき都市再開発法による第一種市街地再開発事業が施行された場合において、当該資産に係る権利変換により都市再開発法91条の規定による補償金（ⅰ）を取得するとき（ⅱ）

　都市再開発法は、市街地の計画的な再開発に関し必要な事項を定めることにより、都市における土地の合理的かつ健全な高度利用と都市機能の更新とを図り、もって公共の福祉に寄与することを目的とする法律です（再開発法1）。そして、市街地再開発事業とは、市街地の土地の合理的かつ健全な高度利用と都市機能の更新とを図るため、都市計画法および都市再開発法（第7章を除きます。）で定めるところに従って行われる建築物および建築敷地の整備ならびに公共施設の整備に関する事業ならびにこれに附帯する事業をいいます（再開発法2一）。

　市街地再開発事業には、権利変換方式により施行される第一種市街地再開発事業、用地買収方式により施行される第二種市街地再開発事業の2種類があります。

　第一種市街地再開発事業の施行者は、権利変換期日において当該権利を失い、かつ、当該権利に対応して、施設建築敷地もしくはその共有持分、施設建築物の一部等または施設建築物の一部についての借家権を与えられない者に対し、都市再開発法91条の規定による補償金を与えることとなります。

　なお、租税特別措置法33条1項3号の2の条文上、①都市再開発法91条の規定による補償金、ⅱ補償金を取得するときの2か所にかっこ書きがあるため、以下で2か所に付されたかっこ書きの解説を行います。

---

①-1 都市再開発法91条の規定による補償金の限定

　都市再開発法79条3項の規定により施設建築物の一部等若しくは施設建築物の一部についての借家権が与えられないように定められたこと又は111条の規定により読み替えられた都市再開発法79条3項の規定により、建築施設の部分若しくは施設建築物の一部についての借家権が与えられないように定められたことにより支払われるもの

　　及び

　やむを得ない事情により、都市再開発法71条1項又は3項の申出をしたと認められる場合として租税特別措置法施行令22条11項で定める場合における当該申出に基づき支払われるもの

　都市再開発法79条3項は、権利変換計画において、床面積の基準に照らし、床面積が著しく小である施設建築物の一部等が与えられることとなる者に対しては、施設建築物の一部等が与えられないように定めることができる旨の規定です。床面積の基準は、審査委員の過半数の同意または市街地開発審査会の議決を経て定められます（再開発法79②）。

　また、都市再開発法71条1項の申出とは、権利交換を希望しない場合の申出です。当該申出を行ったからといって、無条件に租税特別措置法33条1項3号の2が適用されるわけではなく、租税特別措置法施行令22条11項で定める場合に該当することが必要です。そこで、租税特別措置法施行令22条11項で定める場合の内容について解説します。

---

①-2 都市再開発法91条の規定による補償金の限定（租税特別措置法施行令22条11項で定める場合）

　租税特別措置法33条1項3号の2の第一種市街地再開発事業の施行者が、次に掲げる場合のいずれかに該当することを、都市再開発法7条の19第1項、43条1項若しくは50条の14第1項の審査委員の過半数の同意を得て、又は都市再開発法57条1項若しくは59条1項の市街地再開発審査会の議決を経て、認めた場合とする。この場合において、当該市街地再開発審査会の議決については、都市再開発法79条2項後段の規定を準用する。

一　都市再開発法71条1項又は3項の申出をした者（以下、本項において「申出人」という。）の当該権利変換に係る建築物が都市計画法8条1項1号又は2号の地域地区による用途の制限につき建築基準法3条2項の規定の適用を受けるものである場合

二　申出人が当該権利変換に係る都市再開発法2条3号に規定する施行地区内において都市再開発法2条6号に規定する施設建築物（以下、本項において「施設建築物」という。）の保安上危険であり、又は衛生上有害である事業を営んでいる場合

三　申出人が2号の施行地区内において施設建築物に居住する者の生活又は施設建築物内における事業に対し著しい支障を与える事業を営んでいる場合

四　2号の施行地区内において住居を有し、若しくは事業を営む申出人又はその者と住居及び生計を一にしている者が、老齢又は身体上の障害のため施設建築物において生活し、又は事業を営むことが困難となる場合

五　前各号に掲げる場合のほか、施設建築物の構造、配置設計、用途構成、環境又は利用状況につき申出人が従前の生活又は事業を継続することを困難又は不適当とする事情がある場合

　上記の租税特別措置法施行令22条11項1号から5号のうち、1号について解説を行います。都市計画法8条1項1号は用途地域で、同項2号は特別用途地区を指します。一方で、建築基準法3条2項は、建築基準法の施行前から存在した、いわゆる既存不適格建築物に関する規定です。既存不適格建築物とは、竣工時は適法に建てられていたが、法改正等によって、現行の建築基準法や都市計画法等に適合しなくなってしまった建築物のことです。したがって、租税特別措置法施行令22条11項1号に該当するためには、権利変換に係る建築物が、既存不適格建築

物であることについて、審査委員の過半数の同意を得るか、市街地再開発審査会の議決を経て、認められる必要があります。

　また、都市再開発法 71 条 1 項の申出をした者が、都市再開発法 70 条の 2 第 1 項の申出をすることができる場合には、租税特別措置法施行令 22 条 11 項の適用は同項 1 号の場合に限られます。都市再開発法 70 条の 2 第 1 項の申出とは、事業計画において個別利用区が定められたときの申出をいいます。施行地区内の宅地の所有権または借地権を有する者は、市街地再開発事業の施行の認可等の広告があった日から起算して 30 日以内に、施行者に対して個別利用区内の宅地への権利変換の申出を行うことができます（再開発法 70 の 2 ①）。

> ⅱ 補償金を取得するときの除外（租税特別措置法施行令 22 条 12 項）
>
> 　資産につき都市再開発法による第一種市街地再開発事業（その施行者が再開発会社であるものに限る。）が施行された場合において、当該再開発会社の株主又は社員である者が、当該資産に係る権利変換により、又は当該資産に関して有する権利で権利変換により新たな権利に変換をすることのないものが消滅したことにより、都市再開発法 91 条の規定による補償金を取得するときとする。

　上記規定は適用除外規定であり、再開発会社が施行した第一種市街地再開発事業により、当該再開発会社の株主または社員である者が、当該資産に係る権利変換により清算金を取得する場合が該当します。

⑤　**租税特別措置法 33 条 1 項 3 号の 3**

> 三の三　資産につき、密集市街地における防災街区の整備の促進に関する法律による防災街区整備事業が施行された場合において、当該資産に係る権利変換により同法 226 条の規定による補償金（⑦）を取得するとき（⑦）

　密集市街地における防災地区の整備の促進に関する法律 226 条の規定による補償金は、施行地区内の宅地（指定宅地を除く。）もしくはこれに存する建築物またはこれらに関する権利を有する者で、権利変換期日において当該権利を失い、かつ、当該権利に対応して、防災施設建築敷地

もしくはその共有持分もしくは防災施設建築物の一部等または防災施設建築物の一部についての借家権を与えられないものに対する補償金です。

　なお、租税特別措置法33条1項3号の3の条文上、㋐密集市街地における防災街区の整備の促進に関する法律226条の規定による補償金、㋑補償金を取得するときの2か所にかっこ書きがあるため、以下でこれらのかっこ書きの解説を行います。

> **㋐-1 密集市街地における防災街区の整備の促進に関する法律226条の規定による補償金の限定**
>
> 同法212条3項の規定により防災施設建築物の一部等若しくは防災施設建築物の一部についての借家権が与えられないように定められたこと
> 又は
> 租税特別措置法施行令22条13項で定める規定により防災建築施設の部分若しくは防災施設建築物の一部についての借家権が与えられないように定められたこと
> により支払われるもの
>
> 及び
>
> やむを得ない事情により同法203条1項又は3項の申出をしたと認められる場合として租税特別措置法施行令22条14項で定める場合における当該申出
> に基づき支払われるもの

　防災施設建築物とは、防災街区整備事業によって建築される建築物をいい（密集市街地における防災街区の整備の促進に関する法律117五）、防災建築施設の部分とは、防災施設建築物の一部および当該防災施設建築物の存する防災施設建築敷地の共有持分をいいます（密集市街地における防災街区の整備の促進に関する法律117九）。密集市街地における防災街区の整備の促進に関する法律においては、「防災建築施設」という定義はなく、「防災建築施設の部分」という定義が行われている点に留意しましょう。

　租税特別措置法施行令22条13項で定める規定は、密集市街地における防災街区の整備の促進に関する法律施行令43条の規定により読み替えられた密集市街地における防災街区の整備の促進に関する法律212条

3項の規定とされます。したがって、防災施設建築物の一部および防災建築施設の部分等が与えられないように定められた場合であっても、密集市街地における防災街区の整備の促進に関する法律212条3項に基づくこととなります。

　密集市街地における防災街区の整備の促進に関する法律212条3項は、権利変換計画において、床面積の基準に照らし、床面積が著しく小である防災施設建築物の一部等が与えられることとなる者に対しては、防災施設建築物の一部等が与えられないように定めることができる旨の規定です。床面積の基準は、審査委員の過半数の同意又は防災街区整備審査会の議決を経て定められます（密集市街地における防災街区の整備の促進に関する法律212②）。

　また、密集市街地における防災街区の整備の促進に関する法律203条1項の申出とは、権利交換を希望しない場合の申出です。当該申出を行ったからといって、無条件に租税特別措置法33条1項3号の3が適用されるわけではなく、租税特別措置法施行令22条14項で定める場合に該当することが必要です。そこで、租税特別措置法施行令22条14項で定める場合の内容について解説します。

⑦-2　密集市街地における防災街区の整備の促進に関する法律226条の規定による補償金の限定（租税特別措置法施行令22条14項で定める場合）

　租税特別措置法33条1項3号の3の防災街区整備事業の施行者が、次に掲げる場合のいずれかに該当することを、密集市街地における防災街区の整備の促進に関する法律131条1項、161条1項若しくは177条1項の審査委員の過半数の同意を得て、又は同法187条1項若しくは190条1項の防災街区整備審査会の議決を経て、認めた場合とする。この場合において、当該防災街区整備審査会の議決については、同法212条2項後段の規定を準用する。

一　密集市街地における防災街区の整備の促進に関する法律203条1項の申出をした者（以下、本項において「申出人」という。）の当該権利変換に係る建築物が都市計画法8条1項1号又は2号の地域地区による用途の制限につき建築基準法3条2項の規定の適用を受け

るものである場合
二　申出人が当該権利変換に係る密集市街地における防災街区の整備
　の促進に関する法律 117 条 2 号に規定する施行地区内において同条 5
　号に規定する防災施設建築物（以下本項において「防災施設建築物」
　という。）の保安上危険であり、又は衛生上有害である事業を営んで
　いる場合
三　申出人が 2 号の施行地区内において防災施設建築物に居住する者
　の生活又は防災施設建築物内における事業に対し著しい支障を与え
　る事業を営んでいる場合
四　2 号の施行地区内において住居を有し、若しくは事業を営む申出人
　又はその者と住居及び生計を一にしている者が老齢又は身体上の障
　害のため防災施設建築物において生活し、又は事業を営むことが困
　難となる場合
五　前各号に掲げる場合のほか、防災施設建築物の構造、配置設計、
　用途構成、環境又は利用状況につき申出人が従前の生活又は事業を
　継続することを困難又は不適当とする事情がある場合

　根拠規定は異なるものの、条文構成は、租税特別措置法施行令 22 条
11 項と同様になっていると考えられます。また、密集市街地における
防災街区の整備の促進に関する法律 203 条 1 項の申出をした者が、同法
202 条 1 項の申出をすることができる場合には、租税特別措置法施行令
22 条 14 項の適用は、1 号の場合に限られます。密集市街地における防
災街区の整備の促進に関する法律 202 条 1 項の申出とは、事業計画にお
いて個別利用区が定められたときの申出をいいます。施行地区内の宅地
の所有権または借地権を有する者は、市街地再開発事業の施行の認可等
の広告があった日から起算して 30 日以内に、施行者に対して個別利用
区内の宅地への権利変換の申出を行うことができます（密集市街地にお
ける防災街区の整備の促進に関する法律 202 ①）。

④ 補償金を取得するときの除外（租税特別措置法施行令 22 条 15 項）
　資産につき密集市街地における防災街区の整備の促進に関する法律
による防災街区整備事業（その施行者が密集市街地における防災街区
の整備の促進に関する法律 165 条 3 項に規定する事業会社（以下この項、

21 項 3 号及び 23 項 2 号において「事業会社」という。）であるものに
限る。）が施行された場合において、当該事業会社の株主又は社員であ
る者が、当該資産に係る権利変換により、又は当該資産に関して有す
る権利で権利変換により新たな権利に変換をすることのないものが消
滅したことにより、密集市街地における防災街区の整備の促進に関す
る法律 226 条の規定による補償金を取得するときとする。

　上記規定は適用除外規定であり、再開発会社が施行した第一種市街地
再開発事業により、当該再開発会社の株主または社員である者が、当該
資産に係る権利変換により清算金を取得する場合が該当します。

⑥　租税特別措置法 33 条 1 項 3 号の 4

三の四　土地等が都市計画法 52 条の 4 第 1 項 [10] 又は都市計画法 56 条
　1 項の規定に基づいて買い取られ、対価を取得する場合

　都市計画法 52 条の 4 第 1 項は、市街地開発事業等予定区域に関する
都市計画において定められた区域内の土地の所有者が、施行予定者に対
し、当該土地を時価で買い取るべきことを請求することができる旨の規
定であり、都市計画法 56 条 1 項は、事業予定地内の土地の所有者が、
都市計画法 55 条 1 項本文の規定により建築物の建築が許可されないと
きは、その土地の利用に著しい支障を来すこととなることを理由として、
特段の事情がない限り、都道府県知事等に対し、当該土地を時価で買い
取るべき旨の申出ができる旨の規定です。そのため、都市計画法 56 条
1 項の規定に基づく買取りは、買取りの対象となった土地の所有者に、
具体的に建築物を建築する意思があったことが必要となり、形式的に都
市計画法 56 条 1 項の規定に基づく買取りが行われていたとしても、租
税特別措置法 33 条 1 項 3 号の 4 の規定が適用できない可能性があるため、
留意が必要です [11]。

　ただし、特定土地区画整理事業等のために土地等の譲渡に該当する場

10　都市計画法 57 条の 5 および密集市街地における防災街区の整備の促進に関する法律 285 条に
　おいて準用する場合を含みます。

合は、租税特別措置法 33 条 1 項 3 号の 4 ではなく、租税特別措置法 34
条が適用されるため留意が必要です。具体的には、租税特別措置法 34
条 2 項に規定する以下の場合が適用除外となります。

> **租税特別措置法 34 条 2 項**
> 二　都市再開発法による第一種市街地再開発事業の都市計画法 56 条 1
> 　項に規定する事業予定地内の土地等が、同項の規定に基づいて、当
> 　該第一種市街地再開発事業を行う都市再開発法 11 条 2 項の認可を受
> 　けて設立された市街地再開発組合に買い取られる場合
> 二の二　密集市街地における防災街区の整備の促進に関する法律によ
> 　る防災街区整備事業の都市計画法 56 条 1 項に規定する事業予定地内
> 　の土地等が、同項の規定に基づいて、当該防災街区整備事業を行う
> 　密集市街地における防災街区の整備の促進に関する法律 136 条 2 項の
> 　認可を受けて設立された防災街区整備事業組合に買い取られる場合

⑦　租税特別措置法 33 条 1 項 3 号の 5

> 三の五　土地区画整理法による土地区画整理事業で同法 109 条 1 項に
> 　規定する減価補償金（3 号の 6 において「減価補償金」という。）を
> 　交付すべきこととなるものが施行される場合において、公共施設の
> 　用地に充てるべきものとして当該事業の施行区域内の土地等が買い
> 　取られ、対価を取得するとき

　土地区画整理法 109 条 1 項に規定する減価補償金とは、土地区画整理
事業の施行により、土地区画整理事業の施行後の宅地の価額の総額が、
土地区画整理事業の施行前の宅地の価額の総額より減少した場合におけ
る、その差額に相当する金額の補償金をいいます。

　また、施行区域とは、都市計画法 12 条 2 項の規定により土地区画整
理事業について都市計画に定められた施行区域をいいますが（区画整理

11　最高裁平成 22 年 4 月 13 日第三小法廷判決（民集 64 巻 3 号 791 頁）は、「都計法 56 条 1 項の
　規定は、建築物の建築をしようとする土地の所有者が意図していた具体的な建築物の建築が
　都計法 55 条 1 項本文の規定により許可されない場合には、上記所有者は、その土地の利用に
　著しい支障を来すこととなることから、都道府県知事等に対し、当該土地の買取りを申し出
　ることを認めたものと解される。したがって、都計法 56 条 1 項の規定による土地の買取りの
　申出をするには、当該土地の所有者に具体的に建築物を建築する意思があったことを要する
　ものというべきである。」と判示しています。

法2⑧）、公共施設の用地に充てるため、施行区域内の土地等が買い取られ、減価補償金を取得したとき、租税特別措置法33条1項3号の5を適用することとなります。

⑧　租税特別措置法33条1項3号の6

> 三の六　地方公共団体又は独立行政法人都市再生機構が、被災市街地復興推進地域において施行する被災市街地復興土地区画整理事業で減価補償金を交付すべきこととなるものの施行区域内にある土地等について、これらの者が当該被災市街地復興土地区画整理事業として行う公共施設の整備改善に関する事業の用に供するためにこれらの者[12]に買い取られ、対価を取得する場合（前2号に掲げる場合に該当する場合を除く。）

　被災市街地復興推進地域とは、都市計画法5条の規定により指定された都市計画区域内における市街地の土地の区域で次に掲げる要件に該当するものをいいます（被災市街地復興特別措置法5①）。

> **被災市街地復興特別措置法5条1項**
> 一　大規模な火災、震災その他の災害により当該区域内において相当数の建築物が滅失したこと。
> 二　公共の用に供する施設の整備の状況、土地利用の動向等からみて不良な街区の環境が形成されるおそれがあること。
> 三　当該区域の緊急かつ健全な復興を図るため、土地区画整理事業、市街地再開発事業その他建築物若しくは建築敷地の整備又はこれらと併せて整備されるべき公共の用に供する施設の整備に関する事業を実施する必要があること。

　また、都市計画法10条の4第1項において、都市計画区域については、都市計画に、被災市街地復興特別措置法5条1項の規定による被災市街地復興推進地域を定めることができると規定されています。

　被災市街地復興土地区画整理事業とは、被災市街地復興推進地域内の都市計画法12条2項の規定により土地区画整理事業について都市計画に定められた施行区域の土地についての土地区画整理事業をいいます

12　土地開発公社を含みます。

（被災市街地復興特別措置法 10）。

⑨　租税特別措置法 33 条 1 項 3 号の 7

> 三の七　地方公共団体又は独立行政法人都市再生機構が、被災市街地
> 復興特別措置法 21 条に規定する住宅被災市町村の区域において施行
> する都市再開発法による第二種市街地再開発事業の施行区域内にあ
> る土地等について、当該第二種市街地再開発事業の用に供するため
> にこれらの者[13]に買い取られ、対価を取得する場合

　住宅被災市町村とは、被災市街地復興特別措置法 5 条 1 項 1 号に規定
する大規模な火災、震災その他の災害により相当数の住宅が滅失した市
町村で、滅失した住宅の戸数その他の住宅の被害の程度について被災市
街地復興特別措置法施行規則 17 条で定める以下の基準に適合するもの
をいいます。

当該市町村の区域内において、同号の災害により滅失した住宅の個数	当該市町村の区域を包括する都道府県および当該都道府県に隣接する都道府県の区域内において、同号の災害により滅失した住宅の戸数
100 戸以上またはその区域内にある住宅の戸数の 1 割以上	おおむね 4,000 戸
200 戸以上	おおむね 2,000 戸
400 戸以上またはその区域内にある住宅の戸数の 2 割以上	おおむね 1,200 戸

　当該市町村の区域内において同号の災害により滅失した住宅の個数、
当該市町村の区域を包括する都道府県および当該都道府県に隣接する都
道府県の区域内において同号の災害により滅失した住宅の戸数は、「か
つ」で結ばれているため、ともに充たす必要がある点に留意が必要です。
　また、都市再開発法による第二種市街地再開発事業の施行区域とは、
都市計画法 12 条 2 項の規定により第二種市街地再開発事業について都
市計画に定められた施行区域をいいます。第一種市街地再開発事業は、
権利交換方式により施行されますが、第二種市街地再開発事業は、用地
買収方式により施行されます。

13　土地開発公社を含みます。

　なお、租税特別措置法 33 条 1 項 2 号および 33 条の 2 第 1 項 1 号に規定する土地収用法等の規定に基づいて収用されることとなる場合は適用除外となります。

⑩　**租税特別措置法 33 条 1 項 4 号**

> 四　国、地方公共団体、独立行政法人都市再生機構又は地方住宅供給公社が、自ら居住するため住宅を必要とする者に対し賃貸し、又は譲渡する目的で行う 50 戸以上の 1 団地の住宅経営に係る事業の用に供するため土地等が買い取られ、対価を取得する場合

　当該規定については、「50 戸以上の 1 団地の住宅経営に係る事業」という点について留意が必要です。

⑪　**租税特別措置法 33 条 1 項 5 号**

> 五　資産が土地収用法等の規定により収用された場合 [14] において、当該資産に関して有する所有権以外の権利が消滅し、補償金又は対価を取得するとき

　租税特別措置法 33 条 1 項 2 号では、当該資産が買い取られ、対価を取得するときとされていますが、同項 5 号では、当該資産に関して有する所有権以外の権利が消滅し、補償金または対価を取得するときとされています。また、同項 1 号および 2 号と同様に、租税特別措置法施行令 22 条 9 項で定める場合に該当する場合を除くため、留意が必要です。

⑫　**租税特別措置法 33 条 1 項 6 号**

> 六　資産に関して有する権利で都市再開発法に規定する権利変換により新たな権利に変換をすることのないものが、都市再開発法 87 条の規定により消滅し、都市再開発法 91 条の規定による補償金を取得する場合

　都市再開発法に規定する権利変換により新たな権利に変換をすることのないものとは、所有権以外の権利を指すものと考えられます。施行地区内の土地は、権利変換期日において、権利変換計画の定めるところに従い、

14　租税特別措置法 33 条 1 項 2 号の規定に該当する買取りがあった場合を含みます。

新たに所有者となるべき者に帰属し、従前の土地を目的とする所有権以外の権利は、都市再開発法に別段の定めがあるものを除き、消滅することとなります（再開発法87①）。これに伴い、所有権以外の権利を有していた者に対し、補償金が支払われることとなります（再開発法91①）。

ただし、租税特別措置法33条1項3号の2と同様に、租税特別措置法施行令22条12項に該当する場合は、適用除外となります。

⑬ 租税特別措置法33条1項6号の2

> 六の二 資産に関して有する権利で密集市街地における防災街区の整備の促進に関する法律に規定する権利変換により新たな権利に変換をすることのないものが、密集市街地における防災街区の整備の促進に関する法律221条の規定により消滅し、同法226条の規定による補償金を取得する場合（政令で定める場合に該当する場合を除く。）

密集市街地における防災街区の整備の促進に関する法律に規定する権利変換により新たな権利に変換をすることのないものとは、租税特別措置法33条1項6号と同様に、所有権以外の権利を指すものと考えられます。施行地区内の土地は、権利変換期日において、権利変換計画の定めるところに従い、新たに所有者となるべき者に帰属し、従前の土地を目的とする所有権以外の権利は、都市再開発法に別段の定めがあるものを除き、消滅することとなります（密集市街地における防災街区の整備の促進に関する法律221①）。これに伴い、所有権以外の権利を有していた者に対し、補償金が支払われることとなります（密集市街地における防災街区の整備の促進に関する法律226①）。

ただし、租税特別措置法33条1項3号の3と同様に、租税特別措置法施行令22条15項に該当する場合は、適用除外となります。

⑭　租税特別措置法 33 条 1 項 7 号

> 七　国若しくは地方公共団体が行い、若しくは土地収用法 3 条に規定
> する事業の施行者が、その事業の用に供するために行う公有水面埋
> 立法の規定に基づく公有水面の埋立て又は当該施行者が行う当該事
> 業の施行に伴う漁業権、入漁権その他水の利用に関する権利又は鉱
> 業権[15] の消滅[16] により、補償金又は対価を取得する場合

　租税特別措置法 33 条 1 項 7 号における地方公共団体には、地方公共団体自体だけでなく、その出資金額または拠出された金額の全額が地方公共団体により出資または拠出をされている法人も含まれます（措令 22 ⑯）。

　公有水面埋立法によると、公有水面とは、河、海、湖、沼その他の公共の用に供する水流または水面で、国が所有するものをいいます（公有水面埋立法 1 ①）。

⑮　租税特別措置法 33 条 1 項 8 号

> 八　前各号に掲げる場合のほか、国又は地方公共団体が、建築基準法
> 11 条 1 項若しくは漁業法 93 条 1 項その他租税特別措置法施行令 22
> 条 1 項後段で定めるその他の法令の規定に基づき行う処分に伴う資
> 産の買取り若しくは消滅[17] により、又はこれらの規定に基づき行う
> 買取の処分により補償金又は対価を取得する場合

　建築基準法 11 条 1 項とは、建築基準法の「第 3 章 都市計画区域等における建築物の敷地、構造、建築設備及び用途」に適合しない建築物に対する措置を規定しています。すなわち、特定行政庁は、建築基準法上の敷地、構造、建築設備または用途の規定等により、建築物が公益上著しく支障があると認める場合においては、当該建築物の所在地の市町村の議会の同意を得た場合に限り、当該建築物の所有者、管理者または占

15　租鉱権および採石権その他土石を採掘し、または採取する権利を含みます。なお、租鉱権とは、鉱業法 6 条において、設定行為に基づき、他人の鉱区において、鉱業権の目的となっている鉱物を掘採し、および取得する権利をいうとされます。

16　これらの権利の価値の減少を含みます。

17　価値の減少を含みます。

有者に対して、相当の猶予期限を付けて、当該建築物の除却、移転、修繕、模様替、使用禁止または使用制限を命ずることができます(建基法11①)。

　漁業法93条は、公益上の必要による漁業権の変更、取消しまたは行使の停止を規定しています。

　租税特別措置法施行令22条1項後段で定めるその他の法令の規定は、有害構築物の改築等に関する規定の港湾法41条1項、鉱物の掘採が保健衛生上有害と認められる場合等における鉱業権の取消し等に関する規定の鉱業法53条[18]、漁業権の取消し等および損失補償に関する規定の海岸法22条1項、地方公共団体による水道事業を経営するために必要な権利の買収に関する規定の水道法42条1項、水底線路[19]の保護を目的とした漁業権の取消し等に関する規定の電気通信事業法141条5項になります。

18　鉱業法87条において準用する場合を含みます。

19　電気通信事業法140条1項において、公共の用に供する水面に認定電気通信事業の用に供する水底線路と定義されます。

2-2　都市計画法と地方税の関わり

1　市街化区域と固定資産税評価額

（1）区域区分の内容

　都市計画区域について無秩序な市街化を防止し、計画的な市街化を図るため必要があるときは、都市計画に、市街化区域と市街化調整区域との区分（以下、「区域区分」という。）を定めることができます（都計法7①）。市街化区域とは、すでに市街地を形成している区域およびおおむね10年以内に優先的かつ計画的に市街化を図るべき区域をいい（都計法7②）、市街化調整区域とは、市街化を抑制すべき区域をいいます（都計法7③）。

（2）区域区分の影響を受ける地方税

　都市計画税は、市街化区域[20]内に所在する土地および家屋に対し、その価格を課税標準として、当該土地または家屋の所有者に課されます（地法702①前段）。なお、市街化調整区域内に所在する土地および家屋の所有者に対して都市計画税を課さないことが当該市街化区域内に所在する土地および家屋の所有者に対して都市計画税を課することとの均衡を著しく失すると認められる特別の事情がある場合には、市街化調整区域内に所在する土地および家屋の所有者に対しても課されます（地法702①後段）。

　宅地開発税は、市街化区域[21]内において公共施設の整備が必要とされる地域として当該市町村の条例で定める区域内で、権原に基づき宅地

---

[20]　当該都市計画区域について都市計画法7条1項に規定する区域区分に関する都市計画が定められていない場合には、当該都市計画区域の全部または一部の区域において条例で定める区域が市街化区域となります。

[21]　当該都市計画区域について同項に規定する区域区分に関する都市計画が定められていない場合にあっては、旧住宅地造成事業に関する法律3条1項の規定により住宅地造成事業規制区域として指定された区域となります。

開発を行う者に課されます（地法703の3①）。

　通常市街化区域農地とされる農地に課される固定資産税の課税標準となるべき価格については、当該通常市街化区域農地とその状況が類似する宅地の固定資産税の課税標準とされる価格に比準する価格により定められるべきものとされます（地法附則19の2①）。

　以上のうち、区域区分が固定資産税の課税標準について解説します。

（3）区域区分が固定資産税の課税標準に与える影響

　市街化区域は、すでに市街地を形成している区域だけでなく、おおむね10年以内に優先的かつ計画的に市街化を図るべき区域も含まれます。それでは、区域区分が、おおむね10年以内に優先的かつ計画的に市街化を図るべき区域として市街化区域とされている一方、当該区域の実態がおおむね10年以内に優先的かつ計画的に市街化を図られるような状況にないと認められる場合、区域区分はどのように判断すべきでしょうか。

（4）区域区分の判断基準

　最高裁平成21年6月5日第二小法廷判決（集民231号57頁）は、固定資産評価基準（平成12年自治省告示第217号による改正前のもの）および市の評価要領に基づき宅地の価格に比準する方法によって決定された市街化区域内の農地等の価格につき、当該区域が市街化区域としての実態を有していないことのみを理由として上記価格が適正な時価を上回るとした原審の判断に違法があるとされた事例です。

　当該判決では、「市長が決定した本件各市街化区域農地の前記各価格は、評価基準及び評価要領に従って決定されたものと認められる場合には、それらの定める評価方法によっては本件各市街化区域農地の価格を適切に算定することのできない特別の事情の存しない限り、その適正な時価であると推認するのが相当である。…本件区域内の市街化の程度は本件区域内の宅地の価格にも反映されることに照らせば、…本件区域全体の市街化の程度、見込みのみをもって直ちに、本件区域内の市街化区

域農地が一般的に宅地に準じた価格で取引される状況にないということはできず、評価基準及び評価要領所定の前記評価方法によっては本件各市街化区域農地の価格を適切に算定することのできない特別の事情があるということはできない。」としています。

　このことから、区域全体の市街化の程度、見込みのような区域の実態が、必ずしも固定資産の価格に影響を与えるとはいえず、価格を適切に算定することのできない特別の事情があるという場合には、固定資産単位で検討を行う必要があります。

3 農地法と税務上の関係法令

 ポイント（所得税）

　租税特別措置法に規定される農地等を譲渡した場合の適用要件を理解するにあたり、農地法およびその関連法令の理解は重要です。そこで、農地法における農地等の規制を解説したうえで、租税特別措置法に規定される関連法令の内容を解説します。

3-1　農地法と所得税の関わり

1　農地保有の合理化等のために農地等を譲渡した場合の譲渡所得の特別控除

（1）農地の定義

　個人が、その有する土地または土地の上に存する権利（以下、「土地等」という。）を農地保有の合理化等のために譲渡した場合、当該土地等に係る譲渡所得の金額から最大で 800 万円の特別控除ができます（措法 34 の 3 ①）[1]。当該特別控除を理解するため、まずは、農地の内容について説明します。

　農地の内容は、農地法に規定があります。農地法とは、農地を効率的に利用する耕作者による地域との調和に配慮した農地についての権利の取得を促進し、および農地の利用関係を調整し、ならびに農地の農業上の利用を確保するための措置を講ずることにより、耕作者の地位の安定と国内の農業生産の増大を図ること等を目的とする法律です（農地法1）。

　農地とは、耕作の目的に供される土地をいい（農地法 2 ①）、耕作とは、土地に労資を加え、肥培[2]管理を行って作物を栽培することをいいます（最高裁昭和 40 年 8 月 2 日第二小法廷判決・民集 19 巻 6 号 1337 頁）。なお、農業委員会に届け出て農作物栽培高度化施設の底面とするために農地をコンクリートその他これに類するもので覆う場合における農作物栽培高度化施設の用に供される当該農地も、農地とみなされます（農地法 43 ①）。

1　租税特別措置法 37 条、37 条の 4 に規定される特定の事業用資産の買換えの場合等の譲渡所得の課税の特例を適用する場合は除かれます。また、租税特別措置法 34 条の 2 第 2 項 25 号に規定される農業経営基盤強化促進法に基づく買入協議による農地中間管理機構または農地利用集積円滑化団体の買入れについては、本項では触れません。

2　肥料をやって作物を育てること（「広辞苑」（新村出 編、岩波書店、2018 年 1 月、第 7 版））

　また、農地に対し、採草放牧地という概念もあり、採草放牧地とは、農地以外の土地で、主として耕作または養畜の事業のための採草または家畜の放牧の目的に供されるものをいいます（農地法2①）。

（2）農地保有の合理化等のために譲渡した場合

　租税特別措置法34条の3第2項では、「農地保有の合理化等のために譲渡した場合」が6つ掲記されています。以下では、それらの内容について説明します。

① 租税特別措置法34条の3第2項1号（前段）

一　農業振興地域の整備に関する法律23条に規定する勧告に係る協議、調停又はあっせんにより譲渡した場合（租税特別措置法34条2項7号又は34条の2第2項25号の規定の適用がある場合を除く。）(1号前段)
譲渡先 ・新規に農業を開始もしくは農業の規模を拡大しようとしている者
譲渡対象となる土地等 ・農用地区域にある土地等

　これは、市町村長による勧告（農業振興地域の整備に関する法律14①）、都道府県知事による調停（農業振興地域の整備に関する法律15①）、農業委員会による調停（農業振興地域の整備に関する法律18）により土地等を譲渡した場合の特例となります。また、農用地区域とは、市町村が定める農業振興地域整備計画に基づき、農用地等として利用すべき土地の区域をいいます（農業振興地域の整備に関する法律8②一）。そして、農用地等とは、農業振興地域の整備に関する法律3条において4種類示されており、以下のものが該当します。

> **農業振興地域の整備に関する法律3条**
> 一　耕作の目的又は主として耕作若しくは養畜の業務のための採草若しくは家畜の放牧の目的に供される土地（**編注：これが「農用地」を指します。**）
> 二　木竹の生育に供され、併せて耕作又は養畜の業務のための採草又は家畜の放牧の目的に供される土地（**編注：「農用地」を除きます。**）
> 三　農用地又は2号に掲げる土地の保全又は利用上必要な施設の用に供される土地
> 四　耕作又は養畜の業務のために必要な農業用施設（3号の施設を除く。）で、農業振興地域の整備に関する法律施行規則1条で定めるものの用に供される土地

　このように、農用地とは、農地法における農地と採草放牧地を包含した概念となります。また、農業振興地域の整備に関する法律3条4号で規定される農業振興地域の整備に関する法律施行規則1条で定める農業用施設とは、以下のものになります。

> **農業新興地域の整備に関する法律施行規則1条**
> 一　畜舎、蚕室、温室（床面がコンクリート敷のものを含む。）、植物工場（閉鎖された空間において生育環境を制御して農産物を安定的に生産する施設をいう。）、農産物集出荷施設、農産物調製施設、農産物貯蔵施設その他これらに類する農畜産物の生産、集荷、調製、貯蔵又は出荷の用に供する施設
> 二　堆肥舎、種苗貯蔵施設、農機具収納施設その他これらに類する農業生産資材の貯蔵又は保管（農業生産資材の販売の事業のための貯蔵又は保管を除く。）の用に供する施設
> 三　耕作又は養畜の業務を営む者が設置し、及び管理する次に掲げる施設
> 　イ　主として、自己の生産する農畜産物又は当該農畜産物及び当該施設が設置される市町村の区域内若しくは農業振興地域内において生産される農畜産物（ロ及びハにおいて「自己の生産する農畜産物等」という。）を原料又は材料として使用する製造又は加工の用に供する施設
> 　ロ　主として、自己の生産する農畜産物等又は自己の生産する農畜

産物等を原料若しくは材料として製造され若しくは加工されたもの（ハにおいて「自己の生産する農畜産物等加工品」という。）の販売の用に供する施設

　ハ　主として、自己の生産する農畜産物等若しくは自己の生産する農畜産物等加工品又はこれらを材料として調理されたものの提供の用に供する施設

四　廃棄された農産物又は廃棄された農業生産資材の処理の用に供する施設

五　農用地又は前各号に掲げる施設に附帯して設置される休憩所、駐車場及び便所

②　租税特別措置法34条の3第2項1号（後段）

一　その他農地保有の合理化のために土地等を譲渡した場合として租税特別措置法施行令22条の9第1項で定める場合（租税特別措置法34条2項7号又は34条の2第2項25号の規定の適用がある場合を除く。）（1号後段）

譲渡先
・農地中間管理機構
・農地利用集積円滑化団体

譲渡対象物
・農業振興地域の整備に関する法律8条2項1号に規定する農用地区域として定められている区域内にある農地（農地法43条1項の規定により農作物の栽培を耕作に該当するものとみなして適用する農地法2条1項に規定する農地を含みます。）または採草放牧地
・当該区域内にある土地で開発して農地とすることが適当なもの
・当該区域内にある土地で農業振興地域の整備に関する法律8条2項1号に規定する農業上の用途区分が農業振興地域の整備に関する法律3条4号に規定する農業用施設の用に供することとされているもの（農地の保全または利用上必要な施設で、租税特別措置法施行規則18条1項で定めるものの用に供する土地を含みます。）
　なお、租税特別措置法施行規則18条1項で定める施設とは、農地を保全し、または耕作（農地法43条1項の規定により耕作に該当するものとみなされる農作物の栽培を含む。）の用に供するために

> 必要なかんがい排水施設、ため池、排水路、または当該農地の地す
> べりもしくは風害を防止するために直接必要な施設です。
> ・これらの土地の上に存する権利

　以上のうち、譲渡先について解説します。農地中間管理機構とは、都道府県知事が指定した、農用地の利用の効率化および高度化の促進を図るための事業を行うことを目的とする一般社団法人または一般財団法人をいいます（農業経営基盤強化促進法5③、農地中間管理事業の推進に関する法律4）。農地中間管理機構は、各都道府県に1つしか指定されておらず、一般社団法人の場合は地方公共団体が総社員の議決権の過半数を有しているもの、一般財団法人の場合は地方公共団体が基本財産の額の過半を拠出しているものに限られています。

③　租税特別措置法34条の3第2項2号

> 二　農業振興地域の整備に関する法律8条2項1号に規定する農用地
> 　区域内にある土地等を農地中間管理事業の推進に関する法律（平成
> 　25年法律101号）18条7項の規定による公害があった同条1項の農
> 　用地利用集積等促進計画の定めるところにより譲渡した場合（34条
> 　2項7号又は前条2項25号の規定の適用がある場合を除く。）
>
> ---
>
> 譲渡先
> ・新規に農業を開始もしくは農業の規模を拡大しようとしている者
>
> ---
>
> 譲渡対象となる土地等
> ・農用地区域にある土地等

④ 租税特別措置法34条の3第2項3号

三 農村地域への産業の導入の促進等に関する法律5条2項の規定により同条1項に規定する実施計画において定められた同条2項1号に規定する産業導入地区内の土地等（農業振興地域の整備に関する法律3条に規定する農用地等及び当該農用地等の上に存する権利に限る。）を当該実施計画に係る農村地域への産業の導入の促進等に関する法律4条2項4号に規定する施設用地の用に供するため譲渡した場合

譲渡先[3]
・産業導入地区内に立地する企業
・地方公共団体または地方公共団体の出資により設置された法人
・政府または政府機関の出資により設置された法人
・農業協同組合または農業協同組合連合会

譲渡対象物
・産業導入地区内の農用地
・これら土地の上に存する権利

農村地域とは、次に掲げる市町村の区域をいいます（農村地域への産業の導入の促進等に関する法律2）。

農村地域への産業の導入の促進等に関する法律2条
一 農業振興地域の整備に関する法律6条1項の規定により指定された農業振興地域又は同法4条1項の農業振興地域整備基本方針において農業振興地域として指定することを相当とする地域として定められた地域の区域の全部又は一部がその区域内にある市町村
二 前号に掲げる市町村以外の市町村であって、山村振興法7条1項の規定により指定された振興山村の区域の全部又は一部がその区域内にあるもの
三 前2号に掲げる市町村以外の市町村であって、過疎地域の持続的発展の支援に関する特別措置法2条1項に規定する過疎地域をその区域とするもの

---

3 農林水産省『農村地域への産業の導入に関するガイドライン』18～19頁参照

　ただし、首都圏整備法2条1項に規定する首都圏、近畿圏整備法2条1項に規定する近畿圏および中部圏開発整備法2条1項に規定する中部圏のいずれかに所在する、人口規模10万人以上の市町村は対象外となるため、留意が必要です。また、農村地域内の一定の地区を定め、当該地区への産業の導入に関する実施計画を定めるのは、市町村となります（農村地域への産業の導入の促進等に関する法律5①）。

⑤　**租税特別措置法34条の3第2項4号**

> 四　土地等（土地改良法2条1項に規定する農用地及び当該農用地の上に存する権利に限る。）につき同条2項1号から3号までに掲げる土地改良事業が施行された場合において、当該土地等に係る換地処分により同法54条の2第4項[4]に規定する清算金（当該土地等について、同法8条5項2号に規定する施設の用若しくは同項3号に規定する農用地以外の用途に供する土地又は同法53条の3の2第1項1号に規定する農用地に供することを予定する土地に充てるため同法53条の2の2第1項（同法89条の2第3項、96条及び96条の4第1項において準用する場合を含む。）の規定により、地積を特に減じて換地若しくは当該権利の目的となるべき土地若しくはその部分を定めたこと又は換地若しくは当該権利の目的となるべき土地若しくはその部分が定められなかったことにより支払われるものに限る。）を取得するとき。

　土地改良法とは、農用地の改良、開発、保全および集団化に関する事業を適正かつ円滑に実施するために必要な事項を定めて、農業生産の基盤の整備および開発を図り、もって農業の生産性の向上、農業総生産の増大、農業生産の選択的拡大および農業構造の改善に資することを目的とする法律です（土地改良法1①）。

　土地改良法2条1項に規定する農用地とは、耕作（農地法43条1項の規定により耕作に該当するものとみなされる農作物の栽培を含む。）の目的または主として家畜の放牧の目的もしくは養畜の業務のための採

4　土地改良法89条の2第3項、96条および96条の4第1項において準用する場合を含みます。

草の目的に供される土地をいい、特定農山村地域における農林業等の活
性化のための基盤整備の促進に関する法律2条2項1号に規定する農用
地と同一の文言となっています。

　また、土地改良事業とは、以下の事業となります（土地改良法2②）。

土地改良法2条2項

一　農業用用排水施設、農業用道路その他農用地の保全又は利用上必
　　要な施設（以下「土地改良施設」という。）の新設、管理、廃止又は
　　変更 [5]

二　区画整理（土地の区画形質の変更の事業及び当該事業とこれに附
　　帯して施行することを相当とする次号の農用地の造成の工事又は農
　　用地の改良若しくは保全のため必要な工事の施行とを一体とした事
　　業をいう。）

三　農用地の造成 [6]

四　埋立て又は干拓

五　農用地若しくは土地改良施設の災害復旧（津波又は高潮による海
　　水の浸入のために農用地が受けた塩害の除去のため必要な事業を含
　　む。）又は土地改良施設の突発事故被害（突発的な事故による被害を
　　いう。以下同じ。）の復旧

六　農用地に関する権利並びにその農用地の利用上必要な土地に関す
　　る権利、農業用施設に関する権利及び水の使用に関する権利の交換
　　分合

七　その他農用地の改良又は保全のため必要な事業

　これらのうち、租税特別措置法34条の3第2項4号に規定する土地
改良事業に該当するのは、土地改良法2条2項1号から3号までの事業

5　あわせて1の土地改良事業として施行することを相当とするものとして政令で定める要件に適
　合する2以上の土地改良施設の新設または変更を一体とした事業および土地改良施設の新設又
　は変更（当該2以上の土地改良施設の新設または変更を一体とした事業を含みます。）と、こ
　れにあわせて1の土地改良事業として施行することを相当とするものとして政令で定める要件
　に適合する次号の区画整理、3号の農用地の造成その他農用地の改良または保全のため必要な
　事業とを一体とした事業を含みます。

6　農用地以外の土地の農用地への地目変換または農用地間における地目変換の事業（埋立ておよ
　び干拓を除きます。）および当該事業とこれに附帯して施行することを相当とする土地の区画形
　質の変更の工事その他農用地の改良または保全のため必要な工事の施行とを一体とした事業を
　いいます。

となります。なお、土地改良法2条2項6号に「交換分合」とあります
が、これは、「換地処分」とは異なります。

　換地処分は、換地計画（土地改良法52の5）に基づく行政処分であ
るのに対し、交換分合は、所有者間の調整による任意の土地等の交換で
あるため、留意が必要です。

　土地改良法54条の2に規定する清算金とは、譲渡した従前の土地と
換地を評価し、地積、用途、水性、水利、傾斜、温度等の自然条件およ
び利用条件を比較して不均衡がある場合の調整を行うことを目的とした
金銭をいいます。なお、租税特別措置法34条の3第2項4号では、清
算金の目的にも限定が付されています。条文ではかっこ書きで規定され
ており、そのまま記載しても理解が難しいと考えられるため、以下のよ
うに分解してみます。

　当該土地等について、
　当該土地改良事業の施行に係る地域内で、農業を営む者の生活上必要
　な施設等の用途に供する土地（農用地）若しくは農用地以外の用途に
　供する土地
　又は
　当該換地計画に係る地域の周辺の地域における農業経営の規模の拡大
　その他農用地の保有の合理化を促進するために必要な農用地に供する
　ことを予定する土地
　に充てるため
　地積を特に減じて
　換地若しくは当該権利の目的となるべき土地若しくはその部分を定め
　たこと
　又は
　換地若しくは当該権利の目的となるべき土地若しくはその部分が定め
　られなかったことにより支払われるものに限る。

　同法とあるのは土地改良法を指します。そこで、土地改良法の規定を
必要に応じて、上記に当てはめると、以下のとおりとなります。

当該土地等について、

同法8条5項2号に規定する施設の用若しくは同項3号に規定する農用地以外の用途に供する土地

又は

同法53条の3の2第1項1号に規定する農用地に供することを予定する土地

に充てるため

同法53条の2の2第1項（同法89条の2第3項、96条及び96条の4第1項において準用する場合を含む。）の規定により、地積を特に減じて

換地若しくは当該権利の目的となるべき土地若しくはその部分を定めたこと

又は

換地若しくは当該権利の目的となるべき土地若しくはその部分が定められなかつたことにより支払われるものに限る。

したがって、上記4号の規定を適用できるかどうかを判断するためには、まず、ⅰ土地改良事業の施行に係る地域内であれば、農用地はもちろんのこと、農用地以外の用途に供する土地に充てるための換地処分が対象となること、ⅱ当該換地計画に係る地域の周辺の地域における土地であっても農用地に供することを予定する土地に充てるための換地処分も対象となることのいずれかに該当するかどうか確かめます。

ⅰまたはⅱのいずれかに該当する場合は、地積を特に減じて換地処分が行われたかどうかを確かめることとなります。換地処分があった場合、都道府県知事による公告が行われ（土地改良法54④）、遅滞なく登記の申請が行われます（土地改良法55）。

⑥　租税特別措置法34条の3第2項5号

五　林業経営の規模の拡大、林地の集団化その他林地保有の合理化に資するため、森林組合法9条2項7号又は101条1項9号の事業を行う森林組合又は森林組合連合会に委託して森林法5条1項の規定による地域森林計画の対象とされた山林に係る土地を譲渡した場合

> 譲渡先
> ・森林組合またはその組合員
> ・森林組合連合会またはその所属員
>
> 譲渡対象物
> ・地域森林計画の対象とされた山林に係る土地

　森林組合が行う事業の1つとして、組合員の行う林業の目的に供するための土地（その上にある立木竹を含む。）の売渡し、貸付けまたは交換があります（森林組合法9②七）また、森林組合連合会が行う事業の1つとして、森林組合連合会を直接または間接に構成する者である所属員の行う林業の目的に供するための土地（その上にある立木竹を含む。）の売渡し、貸付けまたは交換があります（森林組合法101①九）。租税特別措置法34条の3第2項5号は、森林組合または森林組合連合会に委託して森林法5条1項の規定による地域森林計画の対象とされた山林に係る土地を譲渡した場合に適用される規定となります。

⑦　租税特別措置法34条の3第2項6号

> 六　土地等（農業振興地域の整備に関する法律3条に規定する農用地等及び同法8条2項3号に規定する農用地等とすることが適当な土地並びにこれらの土地の上に存する権利に限る。）につき同法13条の2第1項又は2項の事業が施行された場合において、同法13条の3の規定による清算金を取得するとき。

　市町村は、農業振興地域の整備に関する法律8条1項の規定により農業振興地域整備計画を定め、または7条1項の規定により農業振興地域整備計画を変更しようとする場合において、その定めようとする農業振興地域整備計画に係る農業振興地域内またはその変更しようとする農業振興地域整備計画に係る農用地区域内にある農用地等の一部が農用地等以外の用途に供されることが、農業振興地域の自然的経済的社会的諸条件からみて見通されることにより、農業振興地域内にある土地の農業上の利用と他の利用との調整に留意して農業振興地域内において農用地等

として利用すべき土地の農業上の利用を確保するため特に必要があると認めるときは、その定めようとする農業振興地域整備計画に係る農用地区域内またはその変更しようとする農業振興地域整備計画に係る農用地区域内にある土地を含む農業振興地域内にある一定の土地に関し交換分合を行うことができるとされています（農業振興地域の整備に関する法律13の2①）。

　また、市町村は、農業振興地域の整備に関する法律13条の2第1項の規定によるもののほか、農業振興地域整備計画の達成に資するため特に必要があると認めるときは、当該各号に定める土地を含む農業振興地域内にある一定の土地に関し交換分合を行うことができるとされています（農業振興地域の整備に関する法律13の2②）。

　なお、市町村は、交換分合を行おうとするときは、交換分合計画を定め、都道府県知事の認可を受けなければならず（農業振興地域の整備に関する法律13の2③）、清算金の額ならびに支払および徴収の方法および時期は、当該交換分合計画において定められることになります（農業振興地域の整備に関する法律13の3②）。

2 ｜ 収用等、交換処分等の場合の譲渡所得の特別控除

（1）適用要件

　個人が、収用等、交換処分等（以下、2つをまとめて、「収用交換等」という。）に基づき、固定資産とされる土地等を譲渡し、かつ、代替資産を取得した場合の課税の特例（措法33、33の2）を適用しなかった場合、当該土地等に係る譲渡所得の金額から最大で5,000万円の特別控除ができます（措法33の4①）。ただし、以下の場合は特別控除ができなくなるため、留意が必要です（措法33の4③）。

租税特別措置法 33 条の 4 第 3 項

一　1 項に規定する資産の収用交換等による譲渡が、当該資産の買取り、消滅、交換、取壊し、除去又は使用（以下本項において「買取り等」という。）の申出をする者（以下本項において「公共事業施行者」という。）から当該資産につき最初に当該申出のあった日から 6 か月を経過した日までにされなかった場合

　　当該資産

二　一の収用交換等に係る事業につき租税特別措置法 33 条の 4 第 1 項に規定する資産の収用交換等による譲渡が 2 以上あった場合において、これらの譲渡が 2 以上の年にわたってされたとき

　　当該資産のうち、最初に当該譲渡があった年において譲渡された資産以外の資産

三　租税特別措置法 33 条の 4 第 1 項に規定する資産の収用交換等による譲渡が当該資産につき最初に買取り等の申出を受けた者以外の者からされた場合[7]

　　当該資産

　以上のうち、租税特別措置法 33 条の 4 第 3 項 1 号に関する解説を行います。公共事業施行者から当該資産の買取り等につき最初に申出のあった日から 6 か月を経過した日の内容について、同項 1 号の条文中のかっこ書きおよび租税特別措置法施行令 22 条の 4 第 2 項に規定があります。当該かっこ書きおよび租税特別措置法施行令 22 条の 4 第 2 項の内容をまとめると、以下のとおりとなります。

7　当該申出を受けた者の死亡によりその者から当該資産を取得した者が当該譲渡をした場合を除きます。

・土地収用法 15 条の 7 第 1 項の規定による仲裁の申請（同日以前にされたものに限ります。）に基づき同法 15 条の 11 第 1 項に規定する仲裁判断があった場合
　当該申請をした日から当該譲渡の日までの期間
・土地収用法 46 条の 2 第 1 項の規定による補償金の支払の請求があった場合
　当該申請をした日から当該譲渡の日までの期間
・農地法 3 条 1 項もしくは 5 条 1 項の規定による許可を受けなければならない場合
　当該許可の申請をした日から当該許可があった日（当該申請をした日後に当該許可を要しないこととなった場合には、その要しないこととなった日）までの期間
・農地法 5 条 1 項 6 号の規定による届出をする場合
　当該届出に要する期間として租税特別措置法施行規則 18 条 1 項で定める期間

　農地法 5 条 1 項 6 号の規定による届出は、農地法 4 条に規定される転用が制限される市街化区域内にある農地または採草放牧地（以下、「農地等」という。）につき、農地等以外のものにするためこれらの権利を取得する場合に行う農業委員会に対する届出です。

　租税特別措置法施行規則 18 条 1 項 1 号は、当該届出に関する農業委員会の受理は書面により通知するとされているため（農地法施行令 10 ②）、このような規定となっています。これに対し、2 号は、農地等が賃貸借されていることがあり、当該賃貸借については、都道府県知事の許可がなければ、解約等ができないとされていることから（農地法 18 ①）、1 号とは別に規定が設けられています。

（2）　農地法 3 条および 5 条の内容

　農地法 3 条は、農地等を農地等のまま、他者に権利移動を行う際の制限を規定するものであり、農地法 5 条は、農地等を農業以外の用途に転用したうえで、他者に権利移動を行う際の制限を規定するものです。農地法 3 条の許可は農業委員会が、農地法 5 条の許可は都道府県知事等が行うものであり、租税特別措置法の特例を適用するにあたっては、互いに代替することはできません[8]。

　また、農地法 3 条や 5 条の許可を得るに当たっては、譲渡契約の当事

者が届出を行う必要があります。譲渡契約の当事者以外の者が届出を行ったとした場合、租税特別措置法の適用が認められてないものと考えられます[9]。

8　神戸地裁昭和 59 年 12 月 12 日判決（訟月 31 巻 7 号 1697 頁）は、「…本件特例の適用に当つ
　ては、納税者の税負担の公平を期するために同特例の適用の有無、従つて農地法 5 条 1 項 3 号
　の届出の有無は厳格かつ客観的に解すべきであつて原告らの右主張はとうてい是認できない。」
　と判示し、租税特別措置法（昭和 55 年法律第 9 号による改正前のもの）31 条の 3 の適用に関し、
　農地法 5 条 1 項 3 号の許可申請を農地法 3 条の許可申請と解することはできないとされた事例
　です。
9　東京高裁昭和 58 年 7 月 20 日判決（東高民時報 34 巻 7・8 号 89 頁）は、「措置法 31 条の 2 第 1 項は、
　同条項の要件に適合する農地等の譲渡について、…所得税については…軽減する趣旨の規定で
　あつて、国の土地政策の一環として農地法…等の規制目的とも整合性を保ちつつ、…制定され
　たものと解され、しかも租税の軽減に関する特例法規であることに鑑みれば、その適用、解釈
　は厳格になされるべきものというべきである。したがつて右規定がその要件の一つとして定め
　る農地法 5 条 1 項 3 号の届出…とは、その処理に徴し、譲渡当事者によつてなされる適法な届
　出を指称し、譲渡当事者と異なる者によつて…届出がなされた場合は、…特例措置を受け得な
　いものというべきである。」と判示しています。

4 土地評価に関する裁判例

ポイント（固定資産税および相続税）………………………………………

　土地評価に関する法令を巡って、納税者と税務当局との見解が相
違した場合、裁判所において解決を図ることがあります。土地評価
に関する裁判例の内容を理解し、税務当局との見解の相違が生じる
可能性がある項目について、あらかじめ論拠を整理しておくことは
実務上重要です。1〜3の項でも部分的に裁判例への言及があり
ましたが、この項では、土地評価に関する裁判例を概観し、争点別
にまとめた裁判例の解説を行います。

4-1　地方税（主に固定資産税）に関する裁判例

1　適正な時価

（1）はじめに

　土地の所有者に対し固定資産税が課され（地法343①）、土地に係る固定資産税の課税標準は当該土地の基準年度に係る賦課期日における価格（以下、「基準年度の価格」という。）で土地課税台帳等に登録されたものであり（地法349①）、価格とは適正な時価をいうとされています（地法341五）。土地課税台帳等に価格を登録するに当たっては、地方税法388条の規定に基づき総務省が定めた固定資産評価基準および必要に応じて発出される通知等（以下、「固定資産評価基準等」という。）に基づき行うという実務になっています。

　ただし、固定資産評価基準等は法令ではなく、また、基準年度の価格は、影響を与えるあらゆる事情を考慮して行われるべきなので、基準年度の価格が固定資産評価基準等と異なる基準で行われたとしても、それが必ずしも違法となるわけではないと考えられます。そのため、基準年度の価格が固定資産評価基準等に基づく評価結果と一致しない場合もあり得ます。それでは、適正な時価をどのようにとらえればよいのでしょうか。この点について示した判例の内容を確認していきましょう。

（2）最高裁平成15年6月26日第一小法廷判決

①　事案の概要

　最高裁平成15年6月26日第一小法廷判決（民集57巻6号723頁）（以下、「最高裁平成15年6月判決」という。）は、土地台帳に登録された基準年度の価格が同期日における当該土地の客観的な交換価値を上回る場合における当該価格の決定の適否を検討し、地方税法341条5号にいう「適正な時価」の意義を示した判決です。

（判決文からの引用）

1　本件は、東京都千代田区〈以下省略〉の土地（以下「本件土地1」という。）及び同〈以下省略〉の土地（以下、「本件土地2」といい、これらを併せて「本件各土地」という。）の固定資産税の納税義務者である原告・被控訴人・被上告人Xが、東京都知事によって決定され、東京都千代田都税事務所長によって土地課税台帳に登録された本件各土地の平成6年度の価格について、被告・控訴人・上告人Yに対して審査の申出をしたところ、Yから、平成7年6月2日付けで本件土地1の価格を10億9890万1690円、本件土地2の価格を1103万3010円とする決定（以下「本件決定」という。）を受けたため、本件決定のうち本件土地1について1億3629万2820円を超える部分、本件土地2について91万8500円を超える部分の取消しを求めた事案である。

2　原審の適法に確定した事実関係等の概要は、次のとおりである。

（1）　地方税法（平成11年法律第15号による改正前のもの。以下「法」という。）349条1項は、土地に対して課する基準年度の固定資産税の課税標準を、当該土地の基準年度に係る賦課期日における価格で土地課税台帳又は土地補充課税台帳（以下「土地課税台帳等」という。）に登録されたものとすると定め、同項にいう価格について、法341条5号は、適正な時価をいうと規定する。平成6年度は上記の基準年度であり、これに係る賦課期日は、法359条の規定により平成6年1月1日である。

（2）　法388条1項は、自治大臣が、固定資産の評価の基準並びに評価の実施の方法及び手続を定め、これを告示しなければならないと規定し、同項に基づき定められた固定資産評価基準（昭和38年自治省告示第158号。平成8年自治省告示第192号による改正前のもの。以下「評価基準」という。）は、主として市街地的形態を形成する地域における宅地については、市街地宅地評価法によって各筆の宅地について評点数を付設し、これに評点一点当たりの価額を乗じて、各筆の宅地の価額を求めるものとする。この市街地宅地評価法は、①状況が相当に相違する地域ごとに、その主要な街路に沿接する宅地のうちから標準宅地を選定し、②標準宅地について、売買実例価額から評定する適正な時価を求め、これに基づいて上記主要な街路の路線価を付設し、これに比準してその他の街路の路線価を付設し、③路線価を基礎とし、画地計算法を

適用して各筆の宅地の評点数を付設するものである。

⑶　自治事務次官は、平成6年度の土地の価格の評価替えに当たり、各都道府県知事あてに、「「固定資産評価基準の取扱いについて」の依命通達の一部改正について」（平成4年1月22日自治固第3号。以下「7割評価通達」という。）を発出し、宅地の評価に当たっては、地価公示法による地価公示価格、国土利用計画法施行令による都道府県地価調査価格及び不動産鑑定士又は不動産鑑定士補による鑑定評価から求められた価格（以下「鑑定評価価格」という。）を活用することとし、これらの価格の一定割合（当分の間この割合を7割程度とする。）を目途とすることを通達した。

⑷　自治省税務局資産評価室長は、各都道府県総務部長及び東京都主税局長あてに、「平成6年度評価替え（土地）に伴う取扱いについて」（平成4年11月26日自治評第28号。以下「時点修正通知」という。）を発出し、「平成6年度の評価替えは、平成4年7月1日を価格調査基準日として標準宅地について鑑定評価価格を求め、その価格の7割程度を目標に評価の均衡化・適正化を図ることとしているが、最近の地価の下落傾向に鑑み、平成5年1月1日時点における地価動向も勘案し、地価変動に伴う修正を行うこととする。」と通知した。

⑸　本件決定においては、評価基準にのっとり、本件土地1と本件土地2を一画地として評点数が付設された。この画地が沿接する正面路線及び側方路線の路線価を付設する上で比準した各主要な街路の路線価の基となった標準宅地（以下、正面路線価の基準となった標準宅地を「標準宅地甲」といい、側方路線価の基準となった標準宅地を「標準宅地乙」という。）の価格の評定に際し、7割評価通達及び時点修正通知が適用された。すなわち、本件決定は、標準宅地甲については、価格調査基準日である平成4年7月1日における鑑定評価価格を基に同5年1月1日までの時点修正を行い、その7割程度である910万円をもって、標準宅地乙（地価公示法2条1項の標準地でもある。）については、同日の地価公示価格の7割である560万円をもって、それぞれの1m²当たりの適正な時価とし、これを基礎に、本件各土地の価格を前記1のとおり決定した。

（編注：本件土地1の価格は10億9,890万1,690円、本件土地2の価格は1,103万3,010円とする決定）

⑹　標準宅地甲については、平成5年1月1日から同6年1月1日までに32%の価格の下落があり、同日におけるその1m²当たりの

客観的な交換価値は、890万円である。標準宅地乙については、平成5年1月1日から同6年1月1日までに33.75％の価格の下落があり、同日におけるその1m²当たりの客観的な交換価値は、同日の地価公示価格の530万円である。

(7)　上記(6)の標準宅地の客観的な交換価値に基づき、評価基準に定める市街地宅地評価法にのっとって、本件土地1及び本件土地2の価格を算定すると、それぞれ10億7447万9380円及び1078万7810円となる。

3　原審は、①評価基準は、賦課期日における標準宅地の適正な時価（客観的な交換価値）に基づいて、所定の方式に従って評価をすべきものとしていると解すべきであり、その方式には合理性があるものの、本件決定で評定された前記2(5)の各標準宅地の価格は、平成6年1月1日のその客観的な交換価値を上回る、②同日における各標準宅地の客観的な交換価値と認められる前記2(6)の価格に基づき、評価基準に定める市街地宅地評価法にのっとって、本件各土地の価格を算定すると、前記2(7)の価格となるから、本件決定のうちこれを上回る部分は違法であり、同部分を取り消すべきであると判断した。

②　争点および当事者の主張

争点は土地課税台帳等の登録価格になります。ここで、土地課税台帳等の登録価格がどのように変化したか、当事者の主張する金額がいくらかという点を整理すると、以下のとおりとなります。

	本件土地1	本件土地2
当初の登録価格[1]	12億5,588万7,640円	1,268万8,440円
本件決定後の登録価格	10億9,890万1,690円	1,103万3,010円
平成15年6月判決でXが主張する価格	1億3,629万2,820円	91万8,500円
第一審および控訴審が認定した価格	10億7,447万9,380円	1,078万7,810円

1　平成15年6月判決では言及されておらず、第一審である東京地裁平成8年9月11日判決（判時1578号25頁）で言及されています。

　また、登録価格の基準日ですが、Xは、地方税法359条の規定により平成6年1月1日と主張する一方、Yは、地方税法388条の規定により評価の均衡を図るべく時点修正通知を適用した結果、平成5年1月1日になると主張しました。平成5年から平成6年にかけて、土地価格の大幅な下落があったことから、基準日の捉え方により登録価格が著しく異なることとなったため、当時は同様の訴訟が多数あったようです。

③　**裁判所の判断**

　最高裁は、控訴審の判断を支持し、本件土地1の価格を10億7,447万9,380円、本件土地2の価格を1,078万7,810円と認定しました。

（判決文からの引用）

　4　法410条は、市町村長（法734条1項により特別区にあっては東京都知事。以下同じ。）が、固定資産の価格等を毎年2月末日までに決定しなければならないと規定するところ、大量に存する固定資産の評価事務に要する期間を考慮して賦課期日からさかのぼった時点を価格調査基準日とし、同日の標準宅地の価格を賦課期日における価格の算定資料とすること自体は、法の禁止するところということはできない。しかし、法349条1項の文言からすれば、同項所定の固定資産税の課税標準である固定資産の価格である適正な時価が、基準年度に係る賦課期日におけるものを意味することは明らかであり、他の時点の価格をもって土地課税台帳等に登録すべきものと解する根拠はない。そして、土地に対する固定資産税は、土地の資産価値に着目し、その所有という事実に担税力を認めて課する一種の財産税であって、個々の土地の収益性の有無にかかわらず、その所有者に対して課するものであるから、上記の適正な時価とは、正常な条件の下に成立する当該土地の取引価格、すなわち、客観的な交換価値をいうと解される。したがって、土地課税台帳等に登録された価格が賦課期日における当該土地の客観的な交換価値を上回れば、当該価格の決定は違法となる（下線筆者）。

　他方、法は、固定資産の評価の基準並びに評価の実施の方法及び手続を自治大臣の告示である評価基準にゆだね（法388条1項）、市町村長は、評価基準によって、固定資産の価格を決定しなければな

らないと定めている（法 403 条 1 項）。これは、全国一律の統一的な評価基準による評価によって、各市町村全体の評価の均衡を図り、評価に関与する者の個人差に基づく評価の不均衡を解消するために、固定資産の価格は評価基準によって決定されることを要するものとする趣旨であるが、適正な時価の意義については上記のとおり解すべきであり、法もこれを算定するための技術的かつ細目的な基準の定めを自治大臣の告示に委任したものであって、賦課期日における客観的な交換価値を上回る価格を算定することまでもゆだねたものではない。

　そして、評価基準に定める市街地宅地評価法は、標準宅地の適正な時価に基づいて所定の方式に従って各筆の宅地の評価をすべき旨を規定するところ、これにのっとって算定される当該宅地の価格が、賦課期日における客観的な交換価値を超えるものではないと推認することができるためには、標準宅地の適正な時価として評定された価格が、標準宅地の賦課期日における客観的な交換価値を上回っていないことが必要である。

5　前記事実関係によれば、本件決定において 7 割評価通達及び時点修正通知を適用して評定された標準宅地甲及び標準宅地乙の価格は、各標準宅地の平成 6 年 1 月 1 日における客観的な交換価値を上回るところ、同日における各標準宅地の客観的な交換価値と認められる前記 2 (6)の価格に基づき、評価基準にのっとって、本件各土地の価格を算定すると、前記 2 (7)の各価格となるというのである。そうすると、本件決定のうち前記各価格を上回る部分には、賦課期日における適正な時価を超える違法があり、同部分を取り消すべきものであるとした原審の判断は、正当として是認することができ、原判決に所論の違法はない。

④　解説

ア　適正な時価の意義

　過去の最高裁判決において、「固定資産税は、土地、家屋および償却資産の資産価値に着目して課せられる物税」（最高裁昭和 47 年 1 月 25 日第三小法廷判決・民集 26 巻 1 号 1 頁）、「固定資産税は、家屋等の資産価値に着目し、その所有という事実に担税力を認めて課する一種の財産税」（最高裁昭和 59 年 12 月 7 日第二小法廷判決・民集 38 巻 12 号

1287頁）と判示していることから、適正な時価とは、家屋等の収益性に応じて決定されるものではなく、正常な条件の下に成立する取引価格とした見解は適切なものと考えられます。

　なお、Xが主張する価格の妥当性については第一審で否定されており、7割評価通達が適用されています。

イ　適正な時価の基準日

　時点修正通知を適用すれば、Yがいうように平成5年1月1日を賦課期日にすることが一見可能なようですが、時点修正通知のような法令に該当しない取決めは、地方税法349条1項に規定するように、賦課期日を基準年度におけるものにすることを否定できるものではない点を明示した見解は適切なものと考えられます。

ウ　本判決の意義

　7割評価通達は不合理な点がないという判断ですが、時点修正通知を適用すると、土地課税台帳等に登録された価格が賦課期日における当該土地の客観的な交換価値を上回ってしまうため、当該価格の決定は違法となることから、7割評価通達は適用、時点修正通知が不適用ということで、土地課税台帳等の登録価格に対し、平成5年から平成6年の価格下落を反映する形の決着となりました。

　このように最高裁平成15年6月判決は、適正な時価の意義およびその算定基準日に関する考え方に関する最高裁の初判断として重要な意義があるとされます。

（3）最高裁平成25年7月12日第二小法廷判決

①　事案の概要

　最高裁平成25年7月12日第二小法廷判決（民集67巻6号1255頁）（以下、「最高裁平成25年7月判決」という。）は、地方税法388条1項の規定に基づき、総務省が定めた固定資産評価基準について、固定資産税の課税標準を決定するに当たり、必ずしも妥当しない場合があること等を示した判決です。

（判決文からの引用）

1　本件は、…区分建物（不動産登記法2条22号）を共有し、その敷地権（同法44条1項9号）に係る固定資産税の納税義務を負う原告・控訴人・上告人Xが、…土地課税台帳に登録された上記敷地権の目的である各土地の平成21年度の価格を不服として、…固定資産評価審査委員会（以下「本件委員会」という。）に対し審査の申出をしたところ、これを棄却する旨の決定（以下「本件決定」という。）を受けたため、被告・被控訴人・被上告人Yを相手に、その取消し等を求める事案である。

2　原審の確定した事実関係等の概要は、次のとおりである。

…Xは、平成21年7月2日頃、本件委員会に対し、本件各土地に係る平成21年度の土地課税台帳に登録された価格につき、…建ぺい率及び容積率の制限を適切に考慮していないとして審査の申出をしたところ、本件委員会は、Xの審査の申出を棄却する旨の本件決定をした。

② **争点および当事者の主張**

争点は複数ありますが、本項では本件決定が違法であるかどうかという点のみを取り上げます。

③ **裁判所の判断**

最高裁は、本件決定が違法であると判示し、高裁に審理を差し戻しました。

（判決文からの引用）

3　原審は、上記事実関係等の下において、要旨次のとおり判断し、Xの請求をいずれも棄却すべきものとした。

地方税法434条に基づく固定資産評価審査委員会の決定の取消しの訴えにおいては、原則として同法432条に基づく固定資産課税台帳に登録された価格が適正な時価を超えた違法があるかどうかが審理判断の対象となるべきものであり、例外的に固定資産評価審査委員会の審査決定の手続に不服審査制度の根幹に関わり結論に影響がなくても違法として取り消されなければ制度の趣旨を没却することとなるような重大な手続違反があった場合に限り、固定資産評価審

査委員会の決定を取り消すこととなると解すべきである。Ｘは、本件敷地登録価格につき、その決定には標準宅地の適正な時価の評定の誤りなど多くの誤りがあり、同法388条１項の固定資産評価基準（以下「評価基準」という。）によって決定された価格とはいえない旨主張するが、それは、上記の重大な手続違反を主張するものではなく、適正な時価を超えた違法があると主張するに帰するものであるから、本件敷地登録価格の決定の適法性の判断に当たっては適正な時価を超えているかどうかを検討すれば必要かつ十分である。

　　そして、本件敷地部分に関しては、ＸとＹが提出した各鑑定意見書により認められる諸般の事情を総合考慮すると、平成21年度の賦課期日における本件敷地部分の適正な時価は本件敷地登録価格を上回るものと認められるから、本件敷地登録価格の決定が違法となることはない。

4　しかしながら、原審の上記判断は是認することができない。その理由は、次のとおりである。

(1)ア　地方税法は、土地に対して課する基準年度の固定資産税の課税標準を、当該土地の基準年度に係る賦課期日における価格で土地課税台帳又は土地補充課税台帳に登録されたもの（以下、これらの台帳に登録された価格を「登録価格」という。）とし（349条１項）、上記の価格とは「適正な時価」をいうと定めている（341条５号）ところ、上記の適正な時価とは、正常な条件の下に成立する当該土地の取引価格、すなわち、客観的な交換価値をいうと解される。したがって、土地の基準年度に係る賦課期日における登録価格が同期日における当該土地の客観的な交換価値を上回れば、その登録価格の決定は違法となる（最高裁平成10年（行ヒ）第41号同15年６月26日第一小法廷判決・民集57巻６号723頁参照）。

イ　また、地方税法は、固定資産税の課税標準に係る固定資産の評価の基準並びに評価の実施の方法及び手続を総務大臣（平成13年１月５日以前は自治大臣。以下同じ。）の告示に係る評価基準に委ね（388条１項）、市町村長は、評価基準によって、固定資産の価格を決定しなければならないと定めている（403条１項）。これは、全国一律の統一的な評価基準による評価によって、各市町村全体の評価の均衡を図り、評価に関与する者の個人差に基づく評価の不均衡を解消するために、固定資産の価格は評価基準によっ

て決定されることを要するものとする趣旨であると解され（前掲最高裁平成15年6月26日第一小法廷判決参照）、これを受けて全国一律に適用される評価基準として昭和38年自治省告示第158号が定められ、その後数次の改正が行われている。これらの地方税法の規定及びその趣旨等に鑑みれば、固定資産税の課税においてこのような全国一律の統一的な評価基準に従って公平な評価を受ける利益は、適正な時価との多寡の問題とは別にそれ自体が地方税法上保護されるべきものということができる。したがって、土地の基準年度に係る賦課期日における登録価格が評価基準によって決定される価格を上回る場合には、同期日における当該土地の客観的な交換価値としての適正な時価を上回るか否かにかかわらず、その登録価格の決定は違法となるものというべきである。

ウ　そして、地方税法は固定資産税の課税標準に係る適正な時価を算定するための技術的かつ細目的な基準の定めを総務大臣の告示に係る評価基準に委任したものであること等からすると、評価対象の土地に適用される評価基準の定める評価方法が適正な時価を算定する方法として一般的な合理性を有するものであり、かつ、当該土地の基準年度に係る賦課期日における登録価格がその評価方法に従って決定された価格を上回るものでない場合には、その登録価格は、その評価方法によっては適正な時価を適切に算定することのできない特別の事情の存しない限り、同期日における当該土地の客観的な交換価値としての適正な時価を上回るものではないと推認するのが相当である（最高裁平成11年（行ヒ）第182号同15年7月18日第二小法廷判決・裁判集民事210号283頁、最高裁平成18年（行ヒ）第179号同21年6月5日第二小法廷判決・裁判集民事231号27頁参照）。

エ　以上に鑑みると、土地の基準年度に係る賦課期日における登録価格の決定が違法となるのは、当該登録価格が、①　当該土地に適用される評価基準の定める評価方法に従って決定される価格を上回るとき（上記イの場合）であるか、あるいは、②　これを上回るものではないが、その評価方法が適正な時価を算定する方法として一般的な合理性を有するものではなく、又はその評価方法によっては適正な時価を適切に算定することのできない特別の事情が存する場合（上記ウの推認が及ばず、又はその推認が覆される場合）であって、同期日における当該土地の客観的な交換価

値としての適正な時価を上回るとき（上記アの場合）であるということができる（下線筆者）。

(2)ア　上記(1)に説示したところによれば、本件敷地登録価格の決定及びこれを是認した本件決定の適法性を判断するに当たっては、本件敷地登録価格につき、適正な時価との多寡についての審理判断とは別途に、上記(1)エ①の場合に当たるか否か（前記2(2)の建ぺい率及び容積率の制限に係る評価基準における考慮の要否や在り方を含む。）についての審理判断をすることが必要である（下線筆者）ところ、原審は前記3のとおりこれを不要であるとしてこの点についての審理判断をしていない。そうすると、原判決には、土地の登録価格の決定が違法となる場合に関する法令の解釈適用を誤った結果、上記の点について審理不尽の違法があるといわざるを得ず、この違法は原判決の結論に影響を及ぼすことが明らかである。

イ　また、上記(1)に説示したところによれば、上記(1)エ②の場合に当たるか否かの判断に当たっては、本件敷地部分の評価において適用される評価基準の定める評価方法が適正な時価を算定する方法として一般的な合理性を有するものであるか、その評価方法によっては適正な時価を適切に算定することのできない特別の事情があるか等についての審理判断をすることが必要である（下線筆者）ところ、原審は、前記3のとおり評価基準によらずに認定した本件敷地部分の適正な時価が本件敷地登録価格を上回ることのみを理由として当該登録価格の決定は違法ではないとしており、これらの点についての審理判断をしていない。そうすると、原判決には、上記の点についても審理不尽の違法があるといわざるを得ず、この違法も原判決の結論に影響を及ぼすことが明らかである。

5　以上によれば、論旨は上記の趣旨をいうものとして理由があり、原判決のうち上告人に関する部分は破棄を免れない。そして、上記4(2)ア及びイの各点等について更に審理を尽くさせるため、上記部分につき、本件を原審に差し戻すこととする。

④　**解説**

ア　**登録価格の適否を判断するパターン**

判決文の4(1)で言及している箇所の解説です。4(1)では、登録価格が

評価基準による価格を上回ることは違法であると判示しています。このほかにも違法となるパターンについて判示しており、整理すると以下のようになります。

・登録価格　＞　評価基準の定める評価方法に従って決定される価格

・登録価格　＜　評価基準の定める評価方法に従って決定される価格
　かつ
　評価基準の定める評価方法が適正な時価を算定する方法として一般的な合理性を有するものではない

・登録価格　＞　適正な時価
　かつ
　評価基準の定める評価方法によっては適正な時価を適切に算定することのできない特　別の事情が存する

　最高裁平成15年6月判決では、「登録価格　＞　適正な時価」の場合は、違法であると判示していました。しかし、「登録価格　＞　評価基準の定める評価方法に従って決定される価格」の場合における判示がなかったため、「登録価格　＞　評価基準の定める評価方法に従って決定される価格」であったとしても、「登録価格　＜　適正な時価」であれば、違法にはならないのではないかという理解もあったようです。しかし、最高裁平成25年7月判決は、地方税法403条の1項を、登録価格の評価に関する単なる手続規定と捉えるのではなく、全国一律の統一的な評価基準に従って、公正な評価を受ける利益を保護するための規定と積極的に捉え、登録価格の適否を判断するための一般的な基準を明示したものと考えられます。

イ　登録価格の適否を審理判断する必要性

　判決文の4(2)で言及している箇所の解説です。これは、判決文の4(1)で明示した一般的な基準について、その都度審理判断が必要である点を明示したものとなります。なお、この点について、最高裁平成25年7月判決における裁判長裁判官である千葉勝美氏による補足意見があります。

（判決文からの引用）

1　地方税法341条5号は、固定資産税の課税標準となる固定資産の価格を「適正な時価」としているところ、同法434条に基づく固定資産評価審査委員会の決定の取消しの訴えにおいては、同法432条に基づく固定資産課税台帳に登録された価格が適正な時価を超えた違法があるかどうかが審理判断の対象の一つとなる。そこで、土地の所有名義人が、自ら独自に提出した鑑定意見書等に基づき、その時価となるべき価格を算出して（以下、この価格を「算出価格」という。）、法廷意見の述べる「特別の事情」（又は評価基準の定める評価方法自体の一般的な合理性の欠如）の主張立証を経ずに、上記の適正な時価を直接主張立証することにより、当該算出価格が評価基準の定める評価方法に従って決定された登録価格を下回るとして、当該登録価格の決定を違法とすることができるかが一応問題となろう。

2　<u>上記の「適正な時価」とは、正常な条件の下に成立する当該土地の取引価格、すなわち、客観的な交換価値をいうと解されるが、これは評価的な概念であり、その鑑定評価は、必ずしも一義的に算出され得るものではなく、性質上、その鑑定評価には一定の幅があり得るものである。したがって、鑑定意見書等によっていきなり登録価格より低い価格をそれが適正な時価であると摘示された場合、その鑑定意見書等による評価の方法が一般に是認できるもので、それにより算出された価格が上記の客観的な交換価値として評価し得るものと見ることができるときであったとしても、当該算出価格を上回る登録価格が当然に適正な時価を超えるものとして違法になるということにはならない</u>（下線筆者）。当該登録価格が、評価基準の定める評価方法に従ってされたものである限り、特別の事情がない限り（又はその評価方法自体が一般的な合理性を欠くものでない限り）、適正な時価であるとの推認が働き（法廷意見の引用する平成15年7月18日第二小法廷判決等参照）、これが客観的な交換価値であることが否定されることにならないからである。

3　そもそも、このような算出価格が当該登録価格を下回る場合、それだけで、上記の適正な時価であることの推認が否定されて登録価格の決定が違法となるのであれば、課税を行う市町村の側としては、このようにして所有名義人から提出される鑑定意見書等が誤りであること、算出方法が不適当であること等を逐一反論し、その点を主

張立証しなければならなくなり、評価基準に基づき画一的、統一的な評価方法を定めることにより、大量の全国規模の固定資産税の課税標準に係る評価について、各市町村全体の評価の均衡を確保し、評価人の個人差による不均衡を解消することにより公平かつ効率的に処理しようとした地方税法の趣旨に反することになる。

4 実際上、登録価格が算出価格を上回ることにより、登録価格が上記の客観的な交換価値を上回る場合というのは、評価基準の定める評価方法によることが適当でないような特別の事情がある場合に限られる。このような特別の事情（又はその評価方法自体の一般的な合理性の欠如）についての主張立証をしないまま独自の鑑定意見書等を提出したところで、その意見書の内容自体は是認できるものであったとしても、それだけでは当該登録価格が適正な時価であることの推認を覆すことにはならないのであって、登録価格の決定を違法とすることにはならない（下線筆者）。

（なお、実際上は、このような特別の事情の存否が争われている場合でも、評価基準の定める評価方法自体が不適当であるというのではなく、評価方法の当てはめの適否（すなわち当てはめの過程で所要の補正をすることの要否等）の問題として処理すべきであることが多いものと思われる。また、仮にこのような特別の事情があると認められる場合には、課税を行う市町村の側としては、登録価格が適正な時価を超えていないことの主張立証をする必要が改めて生ずることになるが、その場合においても、実務上は次のような対応が求められることが多いであろう。すなわち、評価基準の定める評価方法の全部ではなくその一部につき特別の事情があるときは、地方税法の趣旨からして、適正な時価の認定において当該評価方法の他の部分を前提として行うことの可否、要否をまず検討すべきである。この点は、個々の事案ごとに適用の排除される評価方法の範囲や性質等を勘案して個別具体的に検討することになるが、実際には、当該評価方法を全て放棄するのではなく、排除された部分を除き残余の部分を前提として適正な時価を認定していくべき場合が多いものといえよう。）

5 したがって、土地の所有名義人が、独自の鑑定意見書等の提出により適正な時価を直接主張立証し登録価格の決定を違法とするためには、やはり、その前提として、評価基準の定める評価方法によることができない特別の事情（又はその評価方法自体の一般的な合理

> 性の欠如）を主張立証すべき（下線筆者）であり、前掲最高裁平成
> 15年7月18日第二小法廷判決もこの考えを前提にしているものと解
> される。

　下線で示したように、不動産鑑定基準による鑑定意見書等を提出した
だけでは、当該鑑定意見書等に記載された価格が登録価格より低かった
としても、直ちに違法とはならないと考えられます。したがって、実務
上の対応としては、鑑定意見書等を入手する前に、まずは、評価基準の
定める評価方法によることができない特別の事情に関する疎明資料又は
評価基準の定める評価方法自体に合理性が欠如していることに関する疎
明資料を整理したうえで、鑑定意見書等を入手する必要性を検討するこ
ととなります。

ウ　本判決の意義

　本判決は、判例法理の理解が必ずしも容易でなく異なる理解が生じ得
る余地のあった固定資産評価審査委員会の審査決定の取消しの訴えにつ
き、登録価格の適否の判断プロセスについてパターン化を行い、一般的
な法理として明示したという点で、実務上重要な意義を有するものと考
えられます。

2 ｜ 評価基準自体の合理性または特別の事情の有無

（1）はじめに

　前項で土地課税台帳等の登録価格となるべき適正な時価に関し説明を
行い、登録価格の適否の判断を行う中で、固定資産評価基準の定める評価
方法に基づく登録価格が適切でない場合もあり得ることが分かりました。
　それでは、評価基準の定める評価方法が適正な時価を算定する方法と
して一般的な合理性を有するものではないとされたり、評価基準の定め
る評価方法によることができない特別の事情が認められたりすることは
あるのでしょうか。この点について示した裁判例の内容を確認していき
ましょう。

（2）横浜地裁平成 26 年 12 月 3 日判決

①　事案の概要

　横浜地裁平成 26 年 12 月 3 日判決（判自 409 号 43 頁、以下、「横浜地裁平成 26 年 12 月判決」という。）は、かつて保養所およびその敷地や駐車場として利用されていた原告 X 所有の土地等の登録価格を不服として被告 Y に対し、X の審査申出を棄却する旨の決定を取り消すことを請求した事案です。

②　争点および当事者の主張

　争点は複数ありますが、ここでは土地の登録価格の決定に係る適法性に関し説明します。なお、X は、路線価方式を用いることは一般的合理性がないか、または、路線価方式によっては適正な時価を適切に算定することのできない特別の事情がある旨を主張しました。

③　裁判所の判断

　横浜地裁は、土地の登録価格の決定は適法であると判断し、X の請求を棄却しました。

（判決文からの引用）

　…X が、同市における一般的な物件の登録価格が取引の実勢価格を大幅に上回る状況にある旨や、同市における路線価がアンバランスな状況にある旨（下線筆者）を指摘する点は、これらが公知の事実には当たらないことは明らかであり、本件全証拠によっても、当該各事実を認めるに足りる証拠はないから、失当である。また、同市における土地取引の件数が少ない旨を指摘する（下線筆者）点も、評価基準が、標準宅地の評価を行うに当たり、地価公示価格のみならず不動産鑑定士等による鑑定評価で得られた価格を活用する旨を定めており…、本件においても、地価公示地…の地価公示価格及び不動産鑑定士による鑑定評価における価格が活用されていることに照らせば、仮に同市における土地の取引が年間で 500 件程度であるとしても、直ちに同市内の土地について路線価方式を用いることに合理性がないとはいえない。そして、同市が、居住地域が偏在し、観光地を抱えるなど、他の地域にはない特性を有する旨を指摘する（下線筆者）点も、このような特性を有する地域が…市に限られるものではないことは公知の事実であ

るし、路線価方式は、宅地の利用状況を基準として、市町村の宅地を住宅地区、商業地区等の地区に区分し、状況類似地域を設定した上で標準宅地を選定するなどして評価を行うものであり、それぞれ地域の特性を踏まえて評価を行うことは十分に可能であると解されるから、同市内の土地の評価において路線価方式を用いることに合理性がないとはいえない。

　さらに、Xは、<u>本件不動産が保養所として使用されていた老朽化施設であり、保養所としての需要がないことや、本件各土地が袋地であり、自動車の進入が困難であるといった事情</u>から、路線価方式によっては<u>適正な時価を適切に算定することのできない特別の事情がある</u>旨を主張する（下線筆者）。しかしながら、本件各土地の価格は、土地の適正な交換価値として把握されるべきものであるから、仮に土地上に存する建物の需要がないとしても、このことが土地の評価に影響を及ぼすものとは考えられない。また、本件各土地が袋地であることを指摘する点も、本件各土地の評価に当たっては、正面奥行価格補正、正面間口狭小補正及び正面奥行長大補正の各補正が行われており、本件各土地の登録価格は原告が指摘する事情が反映された価格であるということができるから、失当である。

　…以上で検討したところによれば、本件各土地の登録価格の決定は、評価基準の定める評価方法に従って決定された価格を上回るものとは認められず、また、用いられた評価方法が適正な時価を算定する方法として一般的な合理性を有するものではないとも、その評価方法によっては適正な時価を適切に算定することのできない特別の事情があるとも認められない。

　したがって、本件各土地の登録価格の決定は適法である。

④　**解説**

　下線で示したように、Xは、土地がある地域における登録価格と実勢価格の乖離、土地がある地域における取引件数の多寡、土地がある地域特性、土地に対する需要の有無、土地の形状等をもって、特別の事情があるものと主張しましたが、いずれの主張も認められませんでした。

（3）東京地裁平成 30 年 10 月 26 日判決

①　事案の概要

　東京地裁平成 30 年 10 月 26 日判決（判例集未登載、以下、「東京地裁
平成 30 年 10 月判決」という。）は、土地および家屋（以下、「本件不動産」
という。）を所有し、これを自己の経営するゴルフ場として利用してい
る原告 X が、被告 Y から本件不動産が市街化区域内に所在するものと
して平成 27 年度分の都市計画税の賦課決定（以下、「本件賦課決定」と
いう。）を受けたところ、昭和 45 年に知事が市の全域についてした市街
化区域と市街化調整区域との区分に関する都市計画の決定においては本
件不動産の所在する区域は市街化区域に指定されておらず、仮に指定さ
れているとしても、当該決定は違法・無効なものであり、これを前提と
する本件賦課決定は違法であるとして、本件賦課決定の取消しを求める
とともに、②本件不動産に含まれる各土地（以下、「本件各土地」という。）
について平成 27 年度（基準年度）の固定資産税の課税標準として Y が
決定し土地台帳等に登録した価格（以下、「本件登録価格」という。）に
ついて、本件各土地が市街化区域内の土地であることを前提としてされ
たものであって違法であるなどとして、市固定資産評価審査委員会（以
下、「審査委員会」という。）に対して審査の申出をしたところ、審査委
員会がこれを棄却する旨の決定（以下、「本件審査決定」という。）をし
たため、本件審査決定の一部取消しを求める事案です。

②　争点および当事者の主張

　争点は複数ありますが、ここでは本件登録価格の決定に係る適法性に
関し説明します。また、当事者の主張は以下のとおりです。

（X の主張）
　　ア　本件登録価格は市街化調整区域内に所在する土地としての適正
　　　　な時価を超えていること
　　イ　評価基準に定めるルールに従っていないこと
　　ウ　ゴルフ場通知は違憲・違法であること
　　エ　ゴルフ場通知は評価基準に違反していること

　　オ　ゴルフ場通知には一般的合理性がないこと
　　カ　ゴルフ場通知の解釈適用を誤っていること

（Yの主張）
　　ア　本件登録価格は、評価基準の定める評価方法に従って決定され
　　　　る価格を上回るものではないこと
　　イ　評価基準が定めるゴルフ場用地に係る評価方法は、一般的な合
　　　　理性を有すること
　　ウ　ゴルフ場通知が定める評価方法も一般的な合理性を有すること
　　エ　本件各土地は市街化区域に囲まれていることは争いがなく、市
　　　　街地近郊ゴルフ場に当たることは明らかであり、評価基準及び
　　　　ゴルフ場通知に規定する評価方法によっては適正な時価を適切
　　　　に算定することのできない特別の事情があるとはいえないこと

③　裁判所の判断

　東京地裁は、本件登録価格の決定は適法であると判断し、Xの請求を棄却しました。

（判決文からの引用）
　評価基準は、ゴルフ場用地の評価につき、当該ゴルフ場を開設するに当たり要した当該ゴルフ場用地の取得価額に当該ゴルフ場用地の造成費を加算した価額を基準とし、当該ゴルフ場の位置、利用状況等を考慮してその価額を求める方法によるものとし、上記取得価額及び造成費は、当該ゴルフ場用地の取得後若しくは造成後において価格事情に変動があるとき、又はその取得価額若しくは造成費が不明のときは付近の土地の価額又は最近における造成費から評定した価額によるものとしている。また、ゴルフ場用地の評価につき、評価基準の具体的取扱いを示したものとして、ゴルフ場通知が定められているところ、…ゴルフ場通知は、市街化区域内に所在し、又は市街化区域に囲まれているゴルフ場については、原則として、市街地近郊ゴルフ場として扱うものとしている。
　評価基準の定めるゴルフ場用地の評価方法は、当該ゴルフ場用地の実際の取得価額と造成費を基礎にその価額を求めるものとしつつ、そ

の取得後や造成後に、期間が経過するなどして価格事情に変動が生じた場合等には、付近の土地の価額や最近における造成費から評定した価額によるとして評価の適正を図ったといえる（下線筆者）ものであって、適正な時価を算定する方法として一般的な合理性を有するということができる。そして、その具体的取扱いにつき定めたゴルフ場通知は、ゴルフ場の造成には山林を転用するのが一般的であることから、ゴルフ場用地の取得後に価格事情に変動があり、実際の取得価額を用いることが適当でない場合には、周辺地域の大半が宅地化されている市街地近郊ゴルフ場についても、近傍の宅地の評価額を基礎としつつ、これを宅地として造成される前の山林の状態で取得する場合の取得時価を求める（下線筆者）ことによって、これを賦課期日における当該ゴルフ場用地の取得価額とすることとしたものと解されるところであって…、その評価方法もまた、適正な時価を算定する方法として一般的な合理性を有するものであるとともに、評価基準の定める評価方法を具体化した取扱いとして相当であるということができる…。

　…Ｙは、評価基準及びゴルフ場通知を踏まえて、その作成した取扱要領…において、八王子市内のゴルフ場が市街地近郊ゴルフ場に当たるかどうかを示し、本件ゴルフ場についてはこれに当たるとした上で、当該ゴルフ場用地の評価に要する山林に係る宅造費の額等を定めているところ、…本件賦課期日において、本件ゴルフ場が市街化区域に囲まれていることは当事者間に争いがなく、また、本件ゴルフ場の周辺地域の大半が宅地化されている…から、本件ゴルフ場を市街地近郊ゴルフ場に当たると判断したことは相当であると認められる…。

　そうすると、…本件登録価格…は、評価基準の定める評価方法及びこれを具体化したゴルフ場通知の定める評価方法に従って決定されたものということができるところ（下線筆者）、…これらの評価方法は適正な時価を算定する方法として一般的な合理性を有しており、また、本件において、これらの評価方法によっては本件各土地の適正な時価を適切に算定することのできない特別の事情が存するとはうかがわれないから、上記各価格は、評価基準の定める評価方法に従って決定される価格を上回るものではなく、本件各土地の適正な時価であると推認される価格を上回るものではないというべきである。

④　解説

　下線で示したように、評価基準およびゴルフ場通知自体に価格事情の

変動等に対応する評価方法が反映されており、評価方法が適正な時価を算定する方法として一般的な合理性を有していると認定されたことから、Ｘの主張は認められませんでした。

（4）小括

本項で挙げた裁判例を分析する限り、評価基準の定める評価方法が適正な時価を算定する方法として一般的な合理性を有するものではないとされたり、評価基準の定める評価方法によることができない特別の事情が認められたりすることは困難な印象です。

東京地裁平成30年10月判決での原告の主張は「違憲」という点を主張していることから分かるように、具体性を欠く印象です。評価基準自体の不合理性を主張するのであれば、最高裁平成15年6月判決のように、価格変動が著しいにもかかわらず、評価基準がそれを反映していないことの不合理性等を主張するといった、事実と評価基準を関連付けた具体的な主張が必要であると考えられます。

また、横浜地裁平成26年12月判決では、原告は、土地がある地域における登録価格と実勢価格の乖離、土地がある地域における取引件数の多寡、土地がある地域特性、土地に対する需要の有無、土地の形状等の具体的な事情をもって主張したようですが、認められませんでした。このような事情に加えて、評価の対象となる土地について、価格が登録された時期から直近までの事情の変化等を調査する等して、主張を整理する必要があると考えられます。

3 ｜ 地目

（1）はじめに

固定資産評価基準において、土地の評価は、地目ごとに評価の方法が定められています。この場合における土地の地目の認定に当たっては、当該土地の現況および利用目的に重点を置き、部分的に僅少の差異の存

するときであっても、土地全体としての状況を観察して認定するものと
しています（評価基準第1章第1節一）。

　評価基準は、地目ごとに異なる評価方法を採用しています。例えば、
主として市街化的形態を形成する地域における宅地については、市街地
宅地評価法によって各筆の宅地の評点数を付設し、これを評点1点当た
りの価額に乗じて、各筆の宅地の価額を求めるものとされます（評価基
準第1章第3節）。一方で、池沼の評価は、評点にはよらず、売買実例
価額から評定する適正な時価によってその価額を求める方法によるもの
とされます。ただし、市町村内に池沼の売買実例価額がない場合におい
ては、池沼の位置、形状、利用状況等を考慮し、附近の土地の価額に比
準してその価額を求める方法によるものとされます（評価基準第1章第
6節）。

　このように、土地の地目が、土地課税台帳等に登録された基準年度の
価格に影響を及ぼすことから、固定資産税の課税実務上、土地の地目の
適切な認定は重要であると考えられます。そこで、本項では、地目が争
点となった判例、裁判例の内容を確認していきましょう。

（2）最高裁平成31年4月9日第三小法廷判決

① 事案の概要

　最高裁平成31年4月9日第三小法廷判決（集民261号215頁、以下、「最
高裁平成31年4月判決」という。）は、土地1、土地2（以下、それぞ
れ「本件土地1」、「本件土地2」といい、まとめて「本件各土地」とい
うこともある。）を所有する原告・控訴人・上告人Xが、土地課税台帳
等に登録された本件各土地の平成27年度の価格（以下、「本件各登録価
格」という。）が過大であるとして、平成27年6月29日、被告・被控訴人・
被上告人Yに対し、地方税法432条1項に基づきした審査の申出（以下、
「本件審査申出」という。）について、Yが、同年10月22日付けで、こ
れを棄却する旨の決定（以下、「本件決定」という。）をしたことから、
本件決定には取り消されるべき違法がある旨主張して、本件決定の取消

しを求める事案です。

　本件各土地の西方には、商業施設（以下、「本件商業施設」という。）が所在し、その地目は宅地です。本件土地1は、その面積の80％以上に常時、水が溜まっています。本件土地2は、少なくともその面積の大半は調整池としての機能を持つ平地であり、平時は、本件商業施設の従業員の駐車場として使用されています。また、本件商業施設は、河川整備等排水調整の必要性がなくなるまで、調整機能を保持すること等を許可条件として、知事が開発申請を許可したうえで開発されたものです。その後、本件商業施設が営業を開始し、以降、本件各土地は同施設の調整池として供されています。

　なお、Yは、評価基準およびこれに基づいて作成された土地評価事務取扱要領（以下、「取扱要領」といい、評価基準と併せて「評価基準等」ということもある。）により固定資産の評価が行っています。

② **争点および当事者の主張**

　争点は本件各土地の地目が宅地であるか池沼であるかです。また、当事者の主張は以下のとおりです。

（Xの主張）

　本件土地1の現況は、その面積の80％以上に常時水が溜まっているという状況にあるから、明らかに現況は池沼であり、地目は池沼と認定すべきである。また、本件土地2は、一部は、常時、水が溜まっている池であり、一部はブロック擁壁の法面、その他の部分は、大雨が降った時に下流域に流れ出ないように水を貯めるため、建物が建っている敷地より数メートル低い調整池としての機能を持つ平地であるから、少なくとも現況からは宅地としては認定できないはずである。

　取扱要領では、「道路、フェンス及びブロック塀等により宅地と明確に区分され、単独でそれぞれの用に供される土地は雑種地として認定する。」と規定されている。

　本件各土地は、フェンス及びブロック塀により宅地と明確に区分されているから、宅地と認定することはできない。控訴人が、法務局に地目変更の申請をしたところ、平成29年8月29日、本件各土地の地目はいずれも「ため池」に変更された。したがって、本件各土地の地目は「池沼」と評価すべきである。

（Yの主張）

　本件各土地は、本件商業施設敷地の一画の調整池としての役割を有する土地であり、同施設の開発に必要不可欠なものとして設置され、近隣に迷惑をかけずに維持存立するという維持効用を果たすためにも必要不可欠なものである。

　よって、本件各土地は、宅地である同施設の維持効用を果たすものであるから、評価基準等に基づき、本件商業施設の敷地と一体として、地目を宅地と評価すべきである。

③　裁判所の判断

最高裁は、本件決定が違法であると判示し、高裁に審理を差し戻しました。

（判決文からの引用）

　…評価基準は、土地の地目の別に評価の方法を定め、これに従って土地の評価をすべきこととし、上記地目は、当該土地の現況及び利用目的に重点を置き、土地全体としての状況を観察して認定することとしている。そして、上記地目のうち宅地とは、建物の敷地のほか、これを維持し、又はその効用を果たすために必要な土地をも含むものと解される（下線筆者）。

　…本件各土地は、本件商業施設に係る開発行為に伴い調整池の用に供することとされ、排水調整の必要がなくなるまでその機能を保持することが上記開発行為の許可条件となっているというのであるが、開発許可に上記条件が付されていることは、本件各土地の用途が制限を受けることを意味するにとどまり、また、開発行為に伴う洪水調整の方法として設けられた調整池の機能は、一般的には、開発の対象となる地区への降水を一時的に貯留して下流域の洪水を防止することにあると考えられる。そうすると、上記条件に従って調整池の用に供されていることから直ちに、本件各土地が本件商業施設の敷地を維持し、又はその効用を果たすために必要な土地であると評価することはできないというべきである。

　したがって、本件商業施設に係る開発行為に伴い本件各土地が調整池の用に供されており、その調整機能を保持することが上記開発行為の許可条件になっていることを理由に、本件土地1の面積の80％以上に常時水がたまっていることなど、本件各土地の現況等について十分

131

に考慮することなく、本件各土地は宅地である本件商業施設の敷地を維持するために必要な土地である…とした原審の判断には、固定資産の評価に関する法令の解釈適用を誤った違法がある。

　以上によれば、原審の上記判断には、判決に影響を及ぼすことが明らかな法令の違反がある。論旨はこの趣旨をいうものとして理由があり、原判決は破棄を免れない。そして、本件各土地のそれぞれの現況、利用目的等に照らし（下線筆者）、本件各登録価格が評価基準によって決定される本件各土地の価格を上回らないか否かについて更に審理を尽くさせるため、本件を原審に差し戻すこととする。

④　解説

ア　不動産登記事務取扱手続準則と評価基準との相違点

　Xの主張の中で、「法務局に地目変更の申請をしたところ、…本件各土地の地目はいずれも『ため池』に変更された。」とありました。法務局の登記は不動産登記事務取扱手続準則（以下、「手続準則」という。）を基に行うことから、手続準則と評価基準との関係を整理することにします。

　土地の表示に関する登記の登記事項は、不動産登記法27条各号に掲げるもののほか、①土地の所在する市、区、郡、町、村および字、②地番、③地目、④地積とされています（不動産登記法34①）。このうち地目および地積に関し必要な事項は、法務省令で定めるとされています（不動産登記法34②）。地目に関する細目は不動産登記規則99条《地目》および不動産登記事務取扱手続準則68条《地目》、地積に関する細目は不動産登記規則100条《地積》および不動産登記事務取扱手続準則70条《地積》に規定されています。

　評価基準に規定される地目は9種類に分類されるのに対し、手続準則に規定される地目は23種類に分類されており、評価基準は手続準則に比べて地目の種類が少ない状況です。ここで、手続準則に規定される地目と評価基準に規定される地目[2]との対応関係を示すと、以下のとおりです。

2　地方税法341条《固定資産税に関する用語の意義》において、土地とは、田、畑、宅地、塩田、鉱泉地、池沼、山林、牧場、原野その他の土地をいうとされます（地法341二）。これは地方税法における土地の定義規定ですが、評価基準に規定される地目と比較すると、塩田が含まれる点、雑種地ではなくその他の土地と規定される点が異なるものと考えられます。

手続準則に規定される地目	評価基準における規定の有無
（1）　田	○
（2）　畑	○
（3）　宅地	○
（4）　学校用地	×
（5）　鉄道用地	×
（6）　塩田	×
（7）　鉱泉地	○
（8）　池沼	○
（9）　山林	○
（10）牧場	○
（11）原野	○
（12）墓地	×
（13）境内地	×
（14）運河用地	×
（15）水道用地	×
（16）用悪水路	×
（17）ため池	×
（18）堤	×
（19）井溝	×
（20）保安林	×
（21）公衆用道路	×
（22）公園	×
（23）雑種地	○

　Ｘは、評価基準では「ため池」という地目が規定されていないことから、手続準則にいう「ため池」に該当することをもって評価基準にいう「池沼」に該当すると主張したと考えられます。しかし、評価基準に規定される「池沼」には明確な定義がなく、評価基準の「第1章　土地　第6

節　池沼」において、①売買実例価額から評定、②売買実例価額がない
場合は、池沼の位置、形状、利用状況等を考慮し、附近の土地の価額に
比準して求めるという評価方法が規定されているのみです。したがって、
不動産登記において「ため池」とされていることをもって、固定資産評
価の際の地目を直ちに「池沼」とするのは困難であることから、最高裁
平成31年4月判決では、このXの主張について言及がないものと考え
られます。

イ　宅地の定義

　最高裁平成31年4月判決以前は、宅地の定義を明示した最高裁判決
はありませんでしたが、「宅地とは、建物の敷地のほか、これを維持し、
又はその効用を果たすために必要な土地をも含むものと解される。」と
明示しました。この表現は、これまでの下級審においても散見されたも
のであるため、一般的に理解されている定義であると考えられます。

ウ　本件各土地の宅地該当性

　最高裁平成31年4月判決で示された宅地の定義をあてはめると、本
件土地1は、調整池としての機能の保持が、本件商業施設の開発行為の
許可条件になっていることを勘案すると、本件商業施設を構成する建物
の効用を果たすために必要な土地に該当することから、宅地に該当する
と判断できます。一方で、本件土地1の面積の80％以上に常時水がた
まっているという現況を勘案すると、池沼に該当する可能性もあります。

　また、本件土地2は、その面積の大半は調整池としての機能を持つ平
地であり、本件土地1と同様に、整池としての機能の保持が、本件商業
施設の開発行為の許可条件になっていることを勘案すると、宅地に該当
すると判断できます。一方で、平時は、本件商業施設の従業員の駐車場
として使用されているという現況を勘案すると、雑種地に該当する可能
性もあります[3]。

3　固定資産評価基準では明記されていませんが、相続税や贈与税関連の「国税庁タックスアン
　サー No.4627 貸駐車場として利用している土地の評価」において、「駐車場として利用してい
　る土地は、現況により、ほとんどの場合、雑種地として評価することとなります。」といった
　記述があり、実務上、駐車場として利用している土地は、固定資産税を課税する場合において
　も地目が雑種地とされることが多いようです。

　このように、地目を決定づける明確な事実がないことから、最高裁は高裁に差し戻したものと考えられます。

エ　本判決の意義

　最高裁平成 31 年 4 月判決は、個別の土地の評価に関する事例判断であり、最高裁平成 15 年 6 月判決や最高裁平成 25 年 7 月判決に比べて、引用される事例は少ないものと考えられます。しかし、評価基準における「宅地」の意義を明らかにするとともに、その認定において、土地の現況および利用目的をどのように位置付けるべきか等についての最高裁の考え方を示したものとして、実務上の参考になるものと思われます。

（3）名古屋地裁平成 3 年 9 月 18 日判決

①　事案の概要

　名古屋地裁平成 3 年 9 月 18 日判決（判タ 774 号 167 頁、以下、「名古屋地裁平成 3 年 9 月判決」という。）は、原告 X が所有する土地（以下、「本件土地」という。）の土地課税台帳の地目が宅地とされ、墓地、埋葬等に関する法律（以下、「墓地法」という。）の規定により被告 Y の許可を受けた区域でない場所において、寺院を通じて墓地として利用されている土地が、墓地に該当するかどうかが争点となった事案です。

②　争点および当事者の主張

　争点は複数ありますが、土地の地目が宅地に該当するか墓地に該当するかという点を説明します。また、当事者の主張は以下のとおりです。

（X の主張）

　本件土地は、寺が所有していた山林の一部であり、その境内地及び墓地として利用されてきた。本件土地及び隣接地上にも現在墓石が存在する。本件土地の地目は宅地となっているが、現在においても、利用の実態は死者を祀る場所である。

　地方税法 348 条 2 項各号は、固定資産税の非課税物件について定めているが、これは、所有者の性格に着目して非課税とする人的非課税物件と、資産の用途が公共的施設等であって、社会生活の進歩や円滑

な維持運営に寄与するものとして公益の実現に深く関わり、それゆえに一般の固定資産とは区別して非課税とし、これらの固定資産に対する税負担を軽減させ、もって公益の増進に資せんとする配慮に基づく物的非課税物件に大別される。したがって、当該物件を非課税とすべきか否かは、単なる名目や形式によるのではなく、その使用の実態に着目して決すべきものである。この趣旨に立脚し、同項4号の「墓地」とは、人骨ないしは遺髪、遺品等死者を弔い又は死者を記念、追想する物品が土中に埋められている場所であるか、あるいはこれらを埋蔵、収蔵していなくとも墓石等が存在していて死者を礼拝する場所であれば足り、当該土地の地目、所有者のいかん及び管理形態は問われないものと解すべきである。したがって、本件土地は「墓地」に該当するものである。

（Yの主張）

　大量反復事務である固定資産税の課税事務においては、公平迅速の観点から、当該土地が地方税法348条2項4号の墓地であるかどうかについて、外形的事実から一律かつ客観的に判断する必要がある。この客観的判断を行う指標としては、墓地法の規定を用いるのが合理的であるところ、墓地法における墓地とは、墳墓（死体を埋葬し、又は焼骨を埋蔵する施設）を設けるために、墓地として都道府県知事等の許可を受けた区域をいうものである。本件土地は、墓地法にいう墓地としての許可を受けた区域ではない。

③　裁判所の判断

　名古屋地裁は、本件土地の地目は宅地であると判断し、Xの請求を棄却しました。

（判決文からの引用）

　「墓地」は、次に述べる理由により、墓地法2条5項にいう「墓地」と同義であり、「墓地」として同法10条、19条の3の規定による許可を受けた区域をいうものと解するのが相当である。
　(1)　固定資産税の賦課事務は大量反復事務であるので、これを公平迅速に行うためには、…「墓地」に該当するか否かの判断は、客観的な基準により一律に行うことが相当であるところ、そのためには、墓地法により墓地として許可を受けた区域であるか否かに

よって判断するのが、最も簡明かつ客観的であって適当である。
(2)　墓地法2条5項によれば、墓地とは、死体を埋葬し、又は焼骨を埋蔵する施設すなわち墳墓…を設けるために、墓地として都道府県知事…の許可を受けた区域をいい、…自己所有地に自家用の墓地のみを設置したいわゆる個人墓地であっても、…許可を要するのであるから、…許可を得ていない以上、墓地として使用されていないとみなす取扱いをしても、不合理であるとはいえない。
(3)　原告は、…墓地を非課税とする目的は、墓地法の立法目的とは異なるのであるから、…使用の実態に着目して判断すべきである旨主張するが、…墓地が固定資産税の対象から除外されたのは、墓地の公共的施設としての性格、事業の公益性等に鑑み、…税制上の優遇措置を与えたものと解されるのであり、その解釈適用に当たって、公衆衛生その他公共の福祉の見地から墓地等について規制する墓地法の許可を前提とすることには合理性がある。…
これを本件についてみるに、本件土地が…「墓地」として…許可を受けた区域でないことは当事者間に争いがないので、本件土地は…「墓地」にも該当しないというべきであるところ、…原告の主張するような違法があるということはできない。

④　**解説**

名古屋地裁平成3年9月判決は、墓地法と地方税法の「墓地」を同義ととらえました。ところで、墓地法とは、埋葬等が、国民の宗教的感情に適合し、かつ公衆衛生その他公共の福祉の見地から、支障なく行われることを目的とする法律であることから（墓地法1）、公法に分類される法律であると考えられます。租税法が用いている概念の中には、2種類のものがあるとされます。1つは他の法分野で用いられている概念であり、これを借用概念と呼びます。一方で、他の法分野では用いられておらず、租税法が独自に用いている概念もあり、これを固有概念と呼びます。

東京高裁平成14年2月28日判決（税資252号（順号9080）、以下、「東京高裁平成14年2月判決」という。）は、建物の建築が租税特別措置法（平成10年法律第23号による改正前のもの。）41条に定める「改築」に該当するかどうかが争点となった事例であり、「建築基準法上の『改築』は、

…通常の言葉の意味における『改築』と比較して、『改築』という言葉を限定された意味に解釈するものである。…建築基準法は、…公共の福祉の増進を目的とする法律であり…その例外として、小規模な改築については建築確認が必要ないものとしている…。…小規模な改築であっても、…新たな危険性を生ぜしめるものであれば、建物の安全性その他の点について調査確認するために建築確認が必要となる。建築基準法上の『改築』が、…限定された意味に解釈されるのはそのためである。<u>…用途、規模、構造が著しく異なるかどうかで、措置法の適用の有無を区別する実質的な理由あるいは合理的な理由はなく、建築基準法の『改築』の概念を借用する実質的な根拠はないといわなければならない</u>（下線筆者）。」と判示し、租税特別措置法41条に定める「改築」について、建築基準法からの借用を否定しています。

　名古屋地裁平成3年9月判決は、現況および利用目的からすると、墓地に該当すると考えて差し支えないように思いますが、法的な許可がないことをもって、墓地の該当性を否定しました。しかし、建築基準法は墓地法と同様に公法に分類される法律であると考えられることから、東京高裁平成14年2月判決の見解を基にすると、今後、名古屋地裁平成3年9月判決のような事例について、判示の傾向が変わる可能性があるものと考えられます。

（4）神戸地裁平成9年2月24日判決
①　事案の概要
　神戸地裁平成9年2月24日判決（判自164号63頁、以下、「神戸地裁平成9年2月判決」という。）は、原告Xが被告Yの定めた土地（以下「本件土地」という。）に係る土地台帳登録価格が過大であるとして、Yに対し、審査を申し出たところ、Yが審査の申出（以下、「本件審査申出」という。）を棄却する決定をしたので、原告が棄却決定の取消しを求めた事案です。

② 争点および当事者の主張

　土地の地目が雑種地であるか原野であるかという争点について説明します。また、当事者の主張は以下のとおりです。

（Xの主張）
　本件土地は、農村地帯にあって、農地に介在しており、また、市街化調整区域（都市計画法7③）にあり、宅地として利用することができない土地である。
　本件土地は、土地改良法に基づく一時利用地指定処分を受けてから現在までの間何ら利用されておらず、雑草地のまま放置されている。
　本件土地は、主要道路（県道）から約1.1キロメートル離れた所にある隣接道路より1.7ないし1.8メートル低くなった土地や、幅員約2.7メートルの水路を介して道路に接し、北は山林に接した土地が含まれる。本件土地に接する道路には側溝、街渠、集水ます等の排水設備もなく、本件土地の排水も十分ではない。また、被告の主張する自動車及び資材の置場は、実際には河川敷であり、公有地に産業廃棄物が投棄されている土地に過ぎない。したがって、本件土地が資材置場等に適した土地であるとはいえない。
　以上によれば、本件土地の現況地目は原野であるから、農地に比準して評価すべきである。

（Yの主張）
　本件土地及びその周辺は、土地改良法に基づく圃場整備事業により区画形質の変更がなされ、換地処分がなされており、その際、本件土地の登記簿上の地目が、原野から雑種地に変更されている。
　本件土地は、住居が散在する地域にある舗装道路に接した平坦な土地で、その南側からの排水も良く、その付近には自動車及び資材の置場として利用されている土地があるから、資材置場等に好適な状況にある。本件土地は、農地ではなく、農地法上の許可は不要であり、農業振興地域整備法にいう農用地区域から除外されているから、法律上も資材置場等に転用することは何ら問題ない。
　したがって、本件土地の地目は、雑種地以外の地目のいずれにも当たらない土地であるから、雑種地というべきである。

③　裁判所の判断

　神戸地裁は、本件土地の地目は原野であると判断し、Xの請求を認容しました。

> **（判決文からの引用）**
> 　…不動産登記事務取扱手続準則117条リは、原野について、耕作の方法によらないで雑草、灌木類の生育する土地と定めている。
> 　本件土地は、農村地帯にあり、田に介在していること、従前は畑として利用されたこともあったが、この十数年間は何ら手入れのなされていない雑草地であったこと、近い将来に本件土地が利用又は譲渡される予定もないこと、都市計画法上の市街化調整区域にあり、宅地としての利用が極めて困難である…。
> 　また、本件土地の周辺についても、圃場整備事業の際に、田が整形され、道路が舗装され、水路が新設されたことの他に、利用状況ついて変わった点を認めるに足りる証拠はない。
> 　…規定に照らしてみると、…本件土地の現況地目は、雑種地ではなく、原野に当たるとみるのが相当である。
> 　Yは、本件土地及びその周辺において圃場整備事業により区画形質の変更がなされており、換地処分及び土地登記簿における本件土地の地目が原野又は田から雑種地に変更されているから、固定資産税の評価においても雑種地として取り扱われるべきだと主張する。
> 　しかし、土地改良法に基づく圃場整備事業の目的が、…農用地の生産性の拡大等であること、…区画形質の変更内容が、この目的に沿うものといえることを考慮すると、この区画形質の変更が、固定資産税の評価において、本件土地の地目を雑種地に変更させるものとはいえない。
> 　また、登記が原則として申請主義…によることなどから、土地登記簿上の地目が必ずしも土地の現況と一致していないことを考慮すると、土地登記簿において本件土地の地目が雑種地と記載されていることから、直ちに固定資産税の評価において本件土地の地目を雑種地と評価すべきであるともいえない。
> 　したがって、圃場整備事業により区画形質が変更されたからといって、本件土地の地目を雑種地ということはできない。
> 　また、被告は、本件土地が資材置場等に転用するのに適した土地であると主張する。

　…本件土地の約 300 メートル南方に自動車置場として利用されている土地があることが認められ、…道路との間に高低差があ…ることは前記のとおりである。

　そのうえ、…本件土地の付近に自動車又は資材等の置場として利用されている土地が他にないことが認められ、本件土地が主要道路…から約 1.1 キロメートル離れた所にあり、雑草の生い茂った手入れのなされていない土地である…原告が本件土地を利用又は譲渡する目的を全く有していない…。

　そうすると、…本件土地の現況に照らして、本件土地が資材置場等に利用される見込みが全くないとはいえないものの、資材置場等に転用するに適した土地であるとはいえない。

　…本件土地は、住宅が散在する農村地域にある手入れのなされていない雑草地であること、市街化調整区域にあることから宅地として転用するのは極めて困難であること、資材置場等に適しているともいえない…から、本件土地を宅地に比準して評価すること自体不適切というべきである。

　また、…本件において付近の土地として選定された土地は、…中心部の集落内に位置する宅地であり、主要道路…から約 200 ないし 300 メートルの所にあることが認められ、この付近の土地の現況は本件土地とかなり異なるものである。…

　以上の事実を併せ考えると、本件登録価格は、本件土地の現況に照らして…適正な時価…を超える過大な評価であると認められるから、本件審査申出を棄却した本件審査決定は違法というべきである。

④　解説

　当該土地の現況については、十数年間は何ら手入れのなされていない雑草地であったことに加えて、市街化を抑制すべき区域とされる市街化調整区域である農村地帯に所在することを考慮し、利用目的については未定であることをもって、地目を原野と認定したものと考えられます。したがって、遊休状態となっている土地の地目の認定の認定を検討するに当たり、将来可能性のある利用目的を考慮することなく、利用目的については未定であることから現況のみをもって、地目を認定することも許容され得ると思われます。

（5）小括

　評価基準は、土地の地目の認定に当たっては、当該土地の現況および利用目的に重点を置くとしていますが、現況と利用目的の優先順位をどのように考慮すべきか明記されていないように思われます。また、最高裁平成31年4月判決において、用途に関する法的な制約固定資産評価審査委員会の審査の手続、記録の保存その他審査に関し必要な事項は、市町村の固定資産評価審査委員会に関する条例または規程事項で定めるものとされています（地法436）。

　そこで、固定資産評価審査委員会に関する条例又は規程事項を概観したところ、実地調査に関する事項が規定されていることから、固定資産評価審査に当たって、固定資産評価審査委員会に関する条例または規程事項に基づき、現況を調査することは理解できます。しかし、利用目的の調査に関する事項は明記されていないような印象を受けます。加えて、固定資産評価審査に際し、提出する資料の様式を概観したところ、利用目的を明記できる様式になっていない点が散見されました。神戸地裁平成9年2月判決のように、利用目的が未定であることをもって、現況のみにより地目を判断する事例がありますが、固定資産評価審査を依頼する際は、現況の他に利用目的についても詳細な説明資料を準備するのが適切であると考えます。

4-2 相続税に関する裁判例

1 相続税法における土地の評価

（1）はじめに

　相続、遺贈または贈与により取得した財産の価額は、当該財産の取得の時における時価によるとされており（相法22）、財産の評価に当たっては、国税庁が定める財産評価基本通達（以下、「評価通達」という。）に基づき行うという実務になっています。評価通達は、財産評価の基本的な方針を定めたのち、納税者間の公平の維持、納税者および租税行政庁相法の便宜、徴税日の削減等の観点から各種財産について画一的かつ詳細な評価方法を定めています[4]。評価通達1(2)において時価は、「課税時期（相続、遺贈若しくは贈与により財産を取得した日若しくは相続税法の規定により相続、遺贈若しくは贈与により取得したものとみなされた財産のその取得の日又は地価税法第2条《定義》第4号に規定する課税時期をいう。以下同じ。）において、それぞれの財産の現況に応じ、不特定多数の当事者間で自由な取引が行われる場合に通常成立すると認められる価額をいい、その価額は、この通達の定めによって評価した価額による」とされています。

　なお、土地の評価に関しては、地方税と同様に地目別に評価するものとされており（評価通達7）、地目の区分は、評価基準と同じです。加えて、相続税法における財産評価に関する裁判において、平成25年7月判決が引用されていることから[5]、相続税法における土地の評価において、地方税法における土地の評価を参考にできる部分があると考えてよいものと思料します。そこで、本項では、本書（改訂版）が発売された年に判示された、最高裁令和4年4月19日第三小法廷判決（いわゆ

4　「租税法」735頁（金子宏 著、弘文堂、2021年11月、第24版）

5　例えば、東京高裁平成27年12月17日判決（税資265号（順号12771））、東京地裁平成28年7月20日判決（税資266号（順号12887））、東京地裁平成30年10月30日判決（税資268号（順号13203））、東京高裁平成31年3月19日判決（税資269号（順号13255））など。

るタワマン訴訟）について説明します。

（2）最高裁令和4年4月19日第三小法廷判決

①　事案の概要

　最高裁令和4年4月19日第三小法廷判決（裁時 1790 号 1 頁）は、被相続人の相続人である原告・控訴人・上告人 X が、相続により取得した財産の価額を評価通達の定める評価方法により評価して相続税の申告をしたところ、被告・被控訴人・被上告人 Y から、相続財産のうちの一部の土地および建物（以下、まとめて「本件各不動産」という。）の価額につき評価通達の定めにより評価することが著しく不適当と認められるとして、本件相続税の各更正処分および過少申告加算税の各賦課決定処分（以下、「本件各更正処分」という。）を受けたことから、本件各更正処分の取消しを求めた事案です。

②　争点および当事者の主張

　本件各不動産を評価通達により評価すべきか、あるいは不動産鑑定評価のような評価通達以外の方法により評価すべきかというのが争点です。

③　裁判所の判断

　最高裁は、本件各不動産を不動産鑑定評価額により評価するのが適切であると判断し、X の請求を棄却しました。

（判決文からの引用）
　相続税法 22 条は、相続等により取得した財産の価額を当該財産の取得の時における時価によるとするが、ここにいう時価とは当該財産の客観的な交換価値をいうものと解される。そして、評価通達は、上記の意味における時価の評価方法を定めたものであるが、上級行政機関が下級行政機関の職務権限の行使を指揮するために発した通達にすぎず、これが国民に対し直接の法的効力を有するというべき根拠は見当たらない（下線筆者）。そうすると、相続税の課税価格に算入される財産の価額は、当該財産の取得の時における客観的な交換価値としての時価を上回らない限り、同条に違反するものではなく、このことは、

144

当該価額が評価通達の定める方法により評価した価額を上回るか否かによって左右されないというべきである（下線筆者）。

　そうであるところ、本件各更正処分に係る課税価格に算入された本件各鑑定評価額は、本件各不動産の客観的な交換価値としての時価であると認められるというのであるから、これが本件各通達評価額を上回るからといって、相続税法22条に違反するものということはできない。

　他方、租税法上の一般原則としての平等原則は、租税法の適用に関し、同様の状況にあるものは同様に取り扱われることを要求するものと解される。そして、評価通達は相続財産の価額の評価の一般的な方法を定めたものであり、課税庁がこれに従って画一的に評価を行っていることは公知の事実であるから、課税庁が、特定の者の相続財産の価額についてのみ評価通達の定める方法により評価した価額を上回る価額によるものとすることは、たとえ当該価額が客観的な交換価値としての時価を上回らないとしても、合理的な理由がない限り、上記の平等原則に違反するものとして違法というべきである。もっとも、上記に述べたところに照らせば、相続税の課税価格に算入される財産の価額について、評価通達の定める方法による画一的な評価を行うことが実質的な租税負担の公平に反するというべき事情がある場合には、合理的な理由があると認められるから、当該財産の価額を評価通達の定める方法により評価した価額を上回る価額によるものとすることが上記の平等原則に違反するものではないと解するのが相当である。

　これを本件各不動産についてみると、本件各通達評価額と本件各鑑定評価額との間には大きなかい離があるということができるものの、このことをもって上記事情があるということはできない。

　もっとも、…本件各不動産の価額を評価通達の定める方法により評価すると、…相続税の総額が0円になるというのであるから、Xの相続税の負担は著しく軽減されることになるというべきである。そして、…被相続人及びXは、…被相続人からの相続において…相続税の負担を減じ又は免れさせるものであることを知り、かつ、これを期待し…たというのであるから、租税負担の軽減をも意図し…たものといえる。そうすると、本件各不動産の価額について評価通達の定める方法による画一的な評価を行うことは、…他の納税者とXとの間に看過し難い不均衡を生じさせ、実質的な租税負担の公平に反するというべきであるから、上記事情があるものということができる（下線筆者）。

> 　したがって、本件各不動産の価額を評価通達の定める方法により評価した価額を上回る価額によるものとすることが上記の平等原則に違反するということはできない。
>
> 　以上によれば、本件各更正処分において、…本件各不動産の価額を…鑑定評価額に基づき評価したことは、適法というべきである。

④　解説

　評価通達について、国民に対し直接の法的効力を有するというべき根拠は見当たらないとしています。また、評価通達による評価額と評価通達以外の評価額との大小関係について、以下のようになっても相続税法22条に違反しないとしています。

> 評価通達による評価額　≦　評価通達以外の評価額　≦　客観的な交換価値

　この部分だけを見ると、評価通達による評価が使えなくなる、評価通達により評価したとしても、課税庁側が行った不動産鑑定により否認されるといった懸念が増すようにも思えます。しかし、最高裁は、平等原則を根拠に、評価通達の定める方法による画一的な評価を行うことが実質的な租税負担の公平に反するというべき事情がある場合には、評価通達以外の評価を実施し、「評価通達による評価額　≦　評価通達以外の評価額」となっても問題ないとしています。

　それでは、評価通達の定める方法による画一的な評価を行うことが実質的な租税負担の公平に反するというべき事情とは、どんな事情なのかが問題となりますが、この点については、「相続税の負担を減じ又は免れさせるものであることを知り、かつ、これを期待し…たというのであるから、租税負担の軽減をも意図」という点から、いわゆる租税回避の意図があった場合であると考えられます。

　したがって、納税者に租税回避の意図がない限り、評価通達による評価を使うという実務に影響はないものと考えます。最高裁は、評価通達による評価に直接の法的効力を有するというべき根拠は見当たらないと判示しているのではなく、評価通達自体に直接の法的効力を有するとい

うべき根拠は見当たらないと判示しています。そのため、評価通達による評価が著しく不適当な場合に国税庁長官の指示を受けて評価するという評価通達6項をも含めて直接の法的効力を有するというべき根拠は見当たらないという解釈も可能であると考えます。

用語集

	用　語	説　明	関連法規
か	開発許可制　　度	規制対象規模以上の開発行為をしようとする者は、原則、都道府県知事等の許可を受けなければならない。	都市計画法29
	開発行為	主として建築物の建築または特定工作物（コンクリートプラント等の第1種特定工作物、ゴルフコース・1ha以上の墓園等の第2種特定工作物）の建設の用に供する目的で行う土地の区画形質の変更。	都市計画法4⑫
き	北　側斜線制限	低層住居専用地域、中高層住居専用地域について、良好な住環境を確保するための斜線制限。これらの地域では、真北方向の隣地境界線、または真北方向の前面道路の反対側の境界線から一定の範囲以内に建築物の高さを収めなければならない。	建築基準法56①
け	建築	建築物を新築し、増築し、改築し、または移転すること。	建築基準法2十三
	建築確認	一定の規模以上の建築物を建築（新築・増築・改築・移転）、大規模の修繕、大規模の模様替えの工事を着工する前に、建築基準法等の規定に適合するものであることについて、建築主事の確認を受けること。	建築基準法6①
	建築主事	都道府県知事または市町村長が任命した公務員で、建築計画の確認、工事完了後の検査などの行政事務を行う者。	建築基準法4
	建築審査会	特定行政庁の諮問に応じて、建築基準法の施行に関する重要事項を調査・審議させるための審査会。建築主事を置く市町村と都道府県に置かれている。	建築基準法78
	建築主	建築物に関する工事の請負契約の注文者または請負契約によらないで自らその工事をする者。	建築基準法2十六
	建築物	土地に定着する工作物のうち、屋根・柱・壁を有するもの、これに附属する門・塀、観覧のための工作物などをいい、建築設備も含まれる。なお、鉄道線路敷地内の施設や、プラットホームの上家は含まれない。	建築基準法2一

	用　語	説　明	関連法規
け	建蔽率	建築物の建築面積の敷地面積に対する割合。上限は、建築基準法で規定した数値の中から都市計画で定められる。	建築基準法53
さ	採草放牧地	農地以外の土地で、主として耕作または養畜の事業のための採草または家畜の放牧の目的に供されるもの。	農地法2①
し	市街化区域	すでに市街地を形成している区域およびおおむね10年以内に優先的かつ計画的に市街化を図るべき区域。	都市計画法7②
	市街化調整区域	市街化を抑制すべき区域。開発が原則として禁止されている。	都市計画法7③
	敷地の接道義務	建築物の敷地は、原則として建築基準法上の道路に2m以上接していなければならない（例外規定あり）。	建築基準法43
	指定確認検査機関	建築確認や検査を行う機関として国土交通大臣や都道府県知事から指定された民間の機関。	建築基準法77の18
	集団規定	原則として都市計画区域内および準都市計画区域内の建築物に適用される規定で、「単体規定」の建築物の安全性に加え、健全なまちづくりを目的とする。	―
	準耐火建築物	鉄骨造など、壁、柱、床その他の建築物の部分の耐火性能に関して政令で定められた技術的基準に適合する準耐火構造を備えた建築物。	建築基準法2九の三
	準都市計画区域	都市計画区域外のうち、相当数の建築物等の建設が現に行われ、または行われると見込まれる区域を含み、かつ、そのまま土地利用を整序し、または環境を保全するための措置を講ずることなく放置すれば、将来における一体の都市としての整備、開発および保全に支障が生じるおそれがあると都道府県が指定した一定の区域。	都市計画法5の2

	用　語	説　　明	関連法規
せ	生産緑地地　　区	市街化区域内の農地等で、次に該当する区域。 ①　都市環境の保全等良好な生活環境の確保に相当の効用があるもの ②　500㎡以上の規模の区域であること ③　農林漁業の継続が可能な条件を備えているもの	生産緑地法3
	絶対高さの制　　限	「低層住居専用地域における建築物の高さの制限」参照	建築基準法55①
そ	造成宅地防災区域	「宅地造成工事規制区域」とは別に、宅地造成に伴う災害で相当数の居住者等に危害を生ずるものの発生のおそれが大きい一団の造成宅地を「造成宅地防災区域」として都道府県知事等が指定した区域。 （※宅地造成等規制法は、令和4年5月法律第55号により抜本的に改正されました。施行日未定。）	宅地造成等規制法21
た	耐火建築物	鉄筋コンクリート造、れんが造など、壁、柱、床その他の建築物の部分の耐火性能に関して政令で定められた技術的基準に適合する耐火構造を備えた建築物。	建築基準法2九の二
	大規模の修　繕・模　様　替	建築物の主要構造部（壁、柱、床、はり、屋根、階段）の一種以上について行う過半の修繕・模様替。	建築基準法2五
	宅地	農地、採草放牧地、森林、公共の用に供する施設の用に供されている土地以外の土地。	宅地造成等規制法2
	宅地造成	宅地以外の土地を宅地にするため、または宅地において行う土地の形質の変更（宅地を宅地以外の土地にするために行うものを除く）。	宅地造成等規制法2
	宅地造成及び特定盛土等規制法	令和4年5月27日に改正された宅地造成等規制法の変更後の法律名（施行日未定）。土地の用途にかかわらず、危険な盛土等を包括的に規制することになった。	宅地造成及び特定盛土等規制法

	用　語	説　　明	関連法規
た	宅地造成工事規制区域	宅地造成に伴い災害が生ずるおそれが大きい市街地または市街地となろうとする土地の区域であって、宅地造成に関する工事について規制を行う必要があるものとして都道府県知事等が指定した地域。	宅地造成等規制法3
	単体規定	個々の建築物について、敷地の安全性確保、構造・耐力、防火・避難、居室の通風や採光、換気、建築設備などの居住性を確保するための技術的基準についての規定。	―
ち	地区計画	建築物の建築形態、公共施設その他の施設の配置等からみて、一体としてそれぞれの区域の特性にふさわしい態様を備えた良好な環境の各街区を整備し、開発し、および保全するための計画。	都市計画法12の5
て	低層住居専用地域における建築物の高さの制限	第1種低層住居専用地域または第2種低層住居専用地域における建築物の高さの制限。これらの地域では、建築物の高さは、10mまたは12mのうち都市計画で定めた高さの限度を超えてはならない（「絶対高さの制限」とも呼ばれる）。	建築基準法55①
と	道路斜線制限	道路の採光や通風を確保するための建築物の高さについての制限。建築物の前面道路の反対側の境界線から一定の勾配の斜線内に建築物の高さを収めなければならない。	建築基準法別表3
	特殊建築物	学校、体育館、病院、劇場、観覧場、集会場、展示場、百貨店、市場、ダンスホール、遊技場、公衆浴場、旅館、共同住宅、寄宿舎、下宿、工場、倉庫、自動車車庫、危険物の貯蔵場、と畜場、火葬場、汚物処理場その他これらに類する用途に供する建築物。	建築基準法2二
	特定行政庁	建築主事を置いている市町村（建築主事を置いていない市町村では都道府県）。	建築基準法2三十五

	用 語	説 明	関連法規
と	特　定 生産緑地	市町村長が指定した、その周辺の地域における公園、緑地その他の公共空地の整備の状況および土地利用の状況を勘案して、当該申出基準日以後においてもその保全を確実に行うことが良好な都市環境の形成を図るうえで特に有効であると認められる、告示から30年経過するまでの生産緑地。	生産緑地法10の2
	都市計画区　　域	市町村の中心の市街地を含み、かつ、自然的および社会的条件等を勘案して、一体の都市として総合的に整備し、開発し、および保全する必要があると都道府県が指定した区域。	都市計画法5
	土地区画整理事業	都市計画区域内の土地について、道路、公園等の公共施設の整備改善および宅地の利用の増進を図るため、土地の区画形質の変更および公共施設の新設または変更に関する事業。	土地区画整理法2①
に	2022年問題	生産緑地地区のうち面積ベースでおおむね8割にあたる生産緑地が指定から30年経過する2022年以降、これらの土地が不動産市場に大量の売却物件（宅地）として供給された場合、不動産価格の下落を招くことが懸念されていた問題。ただし、2022年現在、税優遇が延長される都市農地の新制度が奏功し、大きな混乱はおきないと予測されている。	—
の	農地	耕作の目的に供される土地。	農地法2①
ひ	日影規制	地方公共団体が条例により指定した区域内での、日影による建築物の高さ制限。冬至日において、敷地境界線から水平距離5mを超える範囲においては、一定の日影時間未満となるよう、建築物の高さが制限される。	建築基準法56の2
ほ	防火構造	鉄網モルタル塗、しっくい塗その他の、建築物の外壁または軒裏の防火性能に関して政令で定められた技術的基準に適合する構造。	建築基準法2八

	用 語	説 明	関連法規
よ	容積率	建築物の延べ面積の敷地面積に対する割合。上限は、建築基準法で規定した数値の中から都市計画で定められる。	建築基準法52
	用途地域	都市計画において、用途に応じて地域をいくつかの種類に区分したもの。住宅地、商業地、工業地など。	建築基準法48
り	隣　地斜線制限	隣地の日照、採光、通風を確保するための斜線制限。隣地境界線から一定の勾配の斜線内に建物の高さを収めなければならない。	建築基準法56①

著者紹介

結城 敏勝（ゆうき としかつ）

1962 年 10 月北海道生まれ。

千葉工業大学建築学科卒業。不動産鑑定士・一級建築士・㈱九段都市アーキファーム代表取締役。

㈱九段都市鑑定取締役常務執行役員。日本不動産鑑定士協会連合会公的土地評価委員。千葉県不動産鑑定士協会理事・公的評価委員長等に従事。

越田 圭（こしだ けい）

1977 年 12 月石川県生まれ。

立命館大学経営学部経営学科卒業。公認会計士・税理士。公認会計士・税理士越田圭事務所所長。㈳ファルクラム租税法研究会研究員。日本公認会計士協会公会計委員会地方公共団体監査専門委員会専門委員等を歴任し、現在は日本公認会計士協会租税調査会租税政策検討専門委員会専門委員。地方公共団体に対する包括外部監査、不動産業を営む法人や農業協同組合に対する会計監査等に従事。

著書に、『税理士業務に活かす！通達のチェックポイント』シリーズ（共著／第一法規 2017 ～）などがある。

論文・寄稿に、「Selection Q&A コロナ禍における財務強化のための『増資』の効用」（税務 QA 224 号）、「税務署への提出書類等における押印廃止の現状と課題」（税理 65 巻 1 号）、「青色申告承認の取消しに関する一考察」（租税訴訟 15 号）などがある。

サービス・インフォメーション

――― 通話無料 ―――

①商品に関するご照会・お申込みのご依頼
　　　　　　　TEL 0120 (203) 694／FAX 0120 (302) 640
②ご住所・ご名義等各種変更のご連絡
　　　　　　　TEL 0120 (203) 696／FAX 0120 (202) 974
③請求・お支払いに関するご照会・ご要望
　　　　　　　TEL 0120 (203) 695／FAX 0120 (202) 973

●フリーダイヤル（TEL）の受付時間は、土・日・祝日を除く
　9:00～17:30です。
●FAXは24時間受け付けておりますので、あわせてご利用ください。

改訂版　税理士が知っておきたい！

土地評価に関する建築基準法・都市計画法コンパクトブック

2022年12月10日　初版発行

著　者　　結城　敏勝・越田　圭

発行者　　田中　英弥

発行所　　第一法規株式会社
　　　　　〒107-8560　東京都港区南青山2-11-17
　　　　　ホームページ　https://www.daiichihoki.co.jp/

装　丁　　篠　隆二

税土地評価改　ISBN 978-4-474-07939-7　C2032（2）